Introduction

JAMAIS NOTRE HUMANITÉ n'a eu autant la perception de l'éphémère qu'à notre époque : la seule chose qui est sûre est que rien n'est sûr. Cette perception produit une émotion, la peur. La peur nous pousse à nous réfugier dans le connu, à reproduire ce que nous savons faire et qui a fait ses preuves et donc peu à peu à perdre nos capacités d'adaptation. Autant dire à avoir une bonne raison d'avoir peur. **La crispation du manager sur la technique ou les cycles de formation relève de ce phénomène.** Il y est encouragé par l'ensemble du système économique qui lui-même a peur : peur des concurrents, peur des analystes, peur du « marché », peur de l'instabilité géopolitique, peur de ses propres salariés …

Le développement des compétences du manager autour des huit comportements que nous analyserons offre la possibilité de construire des managers durables. **C'est-à-dire le contraire d'hommes et de femmes formatés pour agir selon une procédure préétablie.** Des managers qui peuvent à la fois capitaliser sur leurs expériences et se remettre en cause, qui comprennent leur environnement et s'y adaptent en permanence, qui savent décider en renonçant, qui savent influencer sans avoir à jouer d'autoritarisme, qui sont garants d'un suivi des projets et d'un développement des collaborateurs, qui savent négocier sans chercher à obtenir toujours plus, qui ont une forte envie de gagner en sachant partager, qui savent s'extraire des situations pour garder des capacités créatives.

Il suffit de persévérance, d'un peu de patience, d'une dose de méthode et d'un grand pouvoir de conviction.

Une chose est sûre : les entreprises qui développeront des managers durables seront les entreprises durables de demain.

Première partie

Le manager durable

LE PARADOXE EST FLAGRANT. La nécessité de faire du développement durable fait l'objet d'une prise de conscience sans précédent au sein de la société et dans de nombreuses entreprises. Dans le même temps, l'inquiétant sentiment de l'éphémère se banalise auprès des hommes et des femmes qui constituent pourtant la précieuse matière première de nos organisations !

Le développement durable est plus qu'une mode, l'entreprise a compris que c'était un paramètre essentiel qu'elle doit intégrer à tous les niveaux de ses pratiques. Plus question de ne pas être attentif à tout ce qui concerne l'environnement et au-delà même de l'environnement à tout ce qui pourrait engendrer du risque qu'il soit à court terme ou à moyen terme. Dans le cas contraire, son image en serait ternie pour longtemps. Cette préoccupation d'image concerne aussi tout ce qui a trait à ce que les Américains ont appelé le « politiquement correct ». On veille à ne pas faire travailler les enfants pakistanais (ou à leur offrir l'école après le travail), à ne pas harceler les collaborateurs que ce soit sexuellement ou moralement, on encourage la diversité pour composer les équipes (diversité masculine et féminine,

LE MANAGER DURABLE

Éric ALBERT

LE MANAGER DURABLE

Éditions
d'Organisation

Éditions d'Organisation Eyrolles
1, rue Thénard
75240 Paris Cedex 05

Chez le même éditeur,

Teresa Elias, *Ose. Comment voir et faire autrement pour aller mieux*, 2004.

Cyril Fievet, Emily Turrettini, *Blog Story*, 2004.

Remerciements

Merci à Laurent Chaine qui a été mon interlocuteur privilégié au cours de l'élaboration de ce livre – bien des idées qui s'y trouvent viennent de lui.
Merci à Laurence Saunder, Bruno Loresde et François Danel, relecteurs attentifs et constructifs.
Merci à l'ensemble de l'équipe de l'IFAS (Institut français de l'anxiété et du stress) qui crée l'émulation pour stimuler les idées et les challenger.
Merci à mes clients qui me donnent l'occasion quotidiennement de tester et de confronter ces idées à la réalité de l'entreprise.

ISBN : 2-7081-3182-6

diversité de culture et d'origine géographique, voire même d'origine sociale). Le « politiquement correct » est un fourre-tout au sein duquel s'accumulent les prises de conscience les plus diverses au gré des modes. Mais l'entreprise l'a parfaitement intégré dans son souci d'image. Dans un domaine plus technique, les règles de comptabilité ont été durcies. L'objet est d'améliorer la transparence des comptes et donc de contrôler la probité des dirigeants. Ce qui, on le constate à la une des journaux, n'est pas inutile. Tout cela se fait sous la pression de l'ensemble de la société qui n'est plus prête à admettre que les entreprises s'autorisent tout pour satisfaire leurs objectifs de résultats ou l'ambition de leurs dirigeants.

La pression sociétale se limite à ces trois champs (environnement et risque, être « politiquement correct », information financière). Pour le reste, ce qu'il se passe à l'intérieur des entreprises ne concerne pas ou peu les citoyens et clients potentiels. Certes, les agences de développement durable font entrer de nombreux autres paramètres (notamment sociaux) dans les notes qu'elles attribuent aux entreprises mais, pour le moment, leur impact est anecdotique au regard de celui des agences de notation financière dont elles s'inspirent. Certes, l'opinion s'émeut des plans sociaux lorsque les médias s'en emparent, c'est pour cela que la plupart des entreprises les gèrent discrètement...

Ayant intégré ces contraintes, l'entreprise vit dans un monde de concurrence dure, dans lequel elle doit faire mieux, plus vite et moins cher que les autres.

Pour cela, elle optimise sa stratégie et son organisation. Mais ces deux composantes majeures de sa réussite sont épiées et copiées par les autres, notamment par l'intermédiaire des grands cabinets de consultants internationaux dont le fond de commerce est de transmettre mutuellement aux concurrents ce qu'ils font dans ces domaines.

Reste l'énergie, le dynamisme, la créativité des hommes et des femmes qui la composent. Tout cela est directement lié au mode de management. Comment l'entreprise gère et développe ces managers sur les épaules desquels repose une grande partie de sa réussite ?

Commençons par un constat : contrairement au développement, le manager n'est pas durable. C'est un métier, comme celui de mannequin ou de footballeur, où il ne fait pas bon vieillir. Les entreprises veulent des managers jeunes. Trouver du travail après cinquante ans lorsque votre compétence est principalement managériale relève de la chasse au trésor. Ceux qui sont restés dans l'entreprise, sont progressivement écartés des fonctions managériales pour retourner vers l'expertise.

Contrairement aux managers, certains dirigeants prévoyants, eux, durent, notamment en s'entourant de managers jeunes et en renouvelant souvent les équipes. Mais si les managers ne durent pas, ce n'est pas seulement en raison du cynisme de certains dirigeants, c'est principalement en raison de leur mode de développement…

1. Comment se fabrique un manager

Recette de formation au management

Ingrédients

- Une dizaine de managers auxquels vous aurez dit qu'ils ont été triés sur le volet.
- Un lieu de séminaire plaisant avec, très important, une bonne table.
- Des intervenants sympathiques et certains intéressants.

Recette

Commencer par faire réfléchir les participants sur le management. Valoriser le produit de cette réflexion pour leur montrer combien ils sont bons dans ce qu'ils font mais pointer un ou deux domaines dans lesquels ils pourraient s'améliorer. Lorsque le groupe a commencé à s'exprimer, leur faire faire quelques tests sur eux-mêmes : style de leadership, personnalité, fonctionnement en équipe. Choisir celui que vous voulez ; la seule utilité étant d'alimenter leur narcissisme et de leur dire qu'ils peuvent encore faire mieux en les laissant trouver par eux-mêmes comment. Leur donner quelques techniques basiques (en rapport avec le thème du séminaire) et leur faire faire quelques exercices pour les mettre en pratique en insistant sur le fait qu'ils peuvent (doivent) les utiliser dès leur retour au bureau. Prévoir des moments de respiration avec un peu d'exercice physique, un peu d'ouverture culturelle et un conférencier prestigieux (de préférence venu du monde sportif). Pour le dessert, programmer un tour de table d'évaluation du séminaire par les participants en présence du DRH.

Le succès est garanti. Les participants sont contents et en disent du bien ; le DRH est valorisé donc la décision est prise que tous les managers doivent le faire même si c'est un effort financier important pour l'entreprise car celle-ci « manque tellement de bons managers ».

Rassurez-vous, personne n'évaluera l'utilité réelle de cette action jusqu'à l'arrivée d'un nouveau DRH qui sera « atterré par le niveau du management dans cette entreprise ». Pourtant, on lui assurera que tous les managers ont été formés par un cabinet respectable qui a pignon sur rue et dont la réputation n'est plus à faire...

Trêve de cynisme…

Les formations managériales oscillent entre deux pôles.

D'un côté, la nécessité de donner des formations opérationnelles porteuses de résultats immédiats par rapport à des besoins (conduite de réunion, prise de décision, gestion du temps…). Le piège est de leur faire croire que cet outillage technique est le principal de la compétence managériale. Il n'en est rien. L'outillage couvre à peine vingt pour cent des besoins de développement des managers. N'oublions jamais que leur matière de travail sont les hommes et les femmes avec lesquels ils travaillent.

De l'autre, le constat selon lequel les managers ont besoin de travailler leur manière d'être aux autres. D'où la vague des formations au développement personnel qui ouvrent sur tout et n'importe quoi sans pouvoir en mesurer l'impact. Le résultat est d'une médiocrité affligeante. Les managers se développent peu et lorsqu'ils ont fait quelques séminaires, ils considèrent que « ça y est », ils sont formés, une fois pour toutes. Cette déception fondamentale sur les formations au management, les conduit à adopter l'opinion selon laquelle le management ne s'apprend pas et à reproduire les « trucs » managériaux qui ont marché. Autant dire qu'ils vieillissent prématurément en se reproduisant eux-mêmes et en cessant de se développer. Et lorsqu'ils deviennent dirigeants, ils s'enferment dans une attitude de prestance qui vise à montrer aux autres qu'ils n'ont plus besoin de rien. C'est toute la hiérarchie de l'entreprise qui est alors vieille, simplement certains sauvent leur peau en sacrifiant les autres.

De formations en formations

Le problème auquel le nouveau DRH plein d'initiatives sera confronté est : « Que faire ? » En effet, même si, effectivement, les compétences des managers font défaut, pas question de les ré-envoyer en séminaire puisqu'ils y « sont déjà passés ». Il commencera par changer de cabinet. Ensuite, deux solutions s'offrent à lui.

Soit il construit un autre programme très différent qui traite de tout sauf de management. On peut alors y trouver de la géopolitique, de la stratégie, une pointe de sociologie, quelques tests (ça fait plaisir), des témoignages de grands patrons (toujours bienvenus) ainsi que des sessions sur la « connaissance du groupe ». On introduira aussi de l'interculturel, et pour l'illustrer un voyage dans une filiale à l'étranger ajoutera au prestige du séminaire. Le voyage, qui en aucun cas ne doit donner l'impression d'être un divertissement, sera l'occasion de faire un travail collectif (entraînement au travail en groupe) et consistera à émettre des propositions d'amélioration sur un thème donné, par exemple : quel management pour la compagnie ? Enfin, on organisera une rencontre avec un membre du comité exécutif auquel les participants présenteront leur travail collectif.

Dans le bilan de l'action, on insistera sur la nécessité d'ouverture des managers qui sont en permanence le « nez dans le guidon » et sur l'effet réseau induit par cette action liée à la rencontre entre des managers d'horizons très différents.

L'autre solution est de renoncer à la formation au management et de se centrer sur des formations techniques allant du marketing à la finance. Ou encore, d'épouser la dernière mode sur le plan de la formation de type team building (faites un projet humanitaire en plus de votre travail, etc.).

Dans les deux cas, à la question : « Qu'est-ce que vous faites sur le management ? » on répondra que le management ne s'apprend pas en séminaire. C'est une formation que chacun fait sur le terrain en fonction de ses expériences. On dira aussi qu'il est absurde de vouloir former les managers car les situations qu'ils rencontrent sont si différentes que ce qui importe, c'est qu'ils trouvent eux-mêmes leurs propres modes de management. Enfin, sur la question du style de management, on affirmera que c'est une question de personnalité et qu'il n'est pas question de changer la personnalité des gens. D'ailleurs, avez-vous déjà vu une personne changer de personnalité ? Si quelqu'un insiste un peu trop ou si un manager a un problème avec un collaborateur important, on aura recours au coaching, qui est une forme de développement du manager. Et s'il continue à avoir des problèmes après le coaching c'est que, décidément, il n'était pas fait pour le management. D'ailleurs, « l'entreprise est prête à reconnaître sa responsabilité et à trouver avec lui une transaction qui lui conviendra ».

Reconnaissons que le trait est un peu forcé et la description caricaturale. Mais il est vrai que la formation au management tourne en rond pour trois raisons : d'abord parce qu'elle est limitée à des techniques, ensuite parce qu'elle vise le court terme, enfin parce qu'elle n'assure aucune continuité.

À propos des techniques de management

Sous la pression des opérationnels et dans un souci d'efficacité louable, les formations au management se sont calquées sur les formations techniques. De même que l'on doit disposer d'une méthode pour construire un plan marketing, de même on doit disposer de méthodes pour conduire une réunion, faire un entretien d'appréciation, fixer des objectifs, etc.

C'est une vraie fausse bonne idée. En effet, apparemment tout le monde est content. Les participants ont des techniques qu'ils vont pouvoir utiliser tout de suite. Ce qui est très rassurant. Disposer de la méthode pour faire un entretien avec un collaborateur ou pour conduire un projet permet à celui qui s'y confronte dans un premier temps de s'appuyer sur du concret qui lui donne des points de repères simples. Le seul problème des techniques de management, c'est qu'elles oublient l'essentiel. L'essentiel sur le plan managérial, c'est que l'on gère des individus. C'est même la principale différence avec l'expert, qui lui, exerce son activité sur des aspects techniques. Or, par définition, les individus avec lesquels vous travaillez sont imprévisibles, répondent à leurs propres émotions, ont des relations entre eux et avec vous plus ou moins tendues ou ambivalentes, etc. Bref, les individus ne se gèrent pas avec des techniques de management bien cadrées. Prenons l'exemple de la conduite de réunion. Les manuels sont formels sur la démarche à suivre :

- préparez l'ordre du jour et envoyez-le aux participants quelques jours avant.
- faites une introduction dans laquelle vous rappelez les objectifs de la réunion et le timing.
- donnez la parole aux participants sur les thèmes à traiter.
- faites une synthèse des positions des uns et des autres.

- décidez d'un plan d'action pour avancer, avec calendrier et répartition des responsabilités.
- envoyez aux participants une synthèse.

Rien à dire sur cette méthode qui repose sur du bon sens. Il est très utile de l'avoir en tête et, dans la mesure du possible, de la mettre en application. Le seul problème est qu'elle fait fi de la réalité de ce qu'il se passe au sein d'un groupe d'individus : si, par exemple, le tour de table se transforme en conflit ouvert entre deux participants ou que l'un d'entre eux ne dit rien mais exprime une opposition implicite, ou encore qu'un participant aborde des problèmes qui ne sont pas ceux de la réunion... Le réflexe des tenants de la technique pourrait être de faire la liste des problèmes éventuels et de donner une réponse à chacun d'entre eux. C'est évidemment illusoire mais, plus encore, le grand danger de la technique est de donner l'impression à celui qui l'a apprise qu'il sait manager parce qu'il connaît la technique. Récemment, un directeur de la formation d'un groupe faisait ce constat désenchanté à propos des managers : *« On leur a tout appris, ils ne managent pas mieux et c'est même pire car ils croient qu'ils savent faire. »*

La cosmétique managériale

La formation technique des managers répond évidemment au rythme et aux exigences de l'entreprise. Ce qui compte, c'est d'améliorer les résultats mensuels, voire trimestriels. Surtout dans les périodes de difficultés. Et comme personne n'a le temps dans le monde économique, l'action de développement des managers, comme toute autre action, doit porter ses fruits rapidement. Cela conduit nécessairement à faire de la cosmétique. Faute d'améliorer le mode de management, on se centre sur la forme. Par exemple, on veillera à ce que les managers restent toujours « politiquement corrects » avec leurs collaborateurs pour leur éviter d'être accusés de harcèlement. Ou encore, on les obligera à faire un entretien annuel d'appréciation du collaborateur, même si l'exercice est purement formel et n'est en rien l'occasion d'un échange ou d'un bilan qui permettrait au collaborateur de progresser. Il est clair que plus on se centre sur la forme au détriment du fond du rôle du manager, plus tout le monde se convainc de l'inutilité de la chose : management et donc formation au management.

Les exigences sur les délais confinent donc à ne pas développer les managers mais à les enfermer dans un jeu d'apparence qui ne trompe personne, ni eux-mêmes ni les collaborateurs.

Au suivant !

Dernière conséquence de ce que nous venons de décrire ; la nécessité permanente de renouvellement. Tout le monde le sait : le maquillage ne tient pas. La cosmétique est éphémère et donc, assez rapidement, le fonctionnement initial reprend le dessus. Les symptômes de déficit managérial réapparaissent très vite (à supposer qu'ils aient disparu) : tensions relationnelles, démotivation des équipes, turnover, perte d'esprit d'innovation, etc. Le DRH, dont c'est le rôle, ne peut laisser une situation se perpétuer de la sorte. Bien souvent le dirigeant alerté par différents signaux se montre concerné et évidemment demande que les choses s'améliorent rapidement. Ce qui ouvre la porte à un nouveau cycle de répétition de la même chose, tout en jurant que cette fois-ci ce sera différent. Il passe par le renouvellement rapide des managers, qui restent suffisamment peu longtemps à leur poste pour que leur impact managérial puisse leur être attribué. Et, bien sûr, par un nouveau plan de développement des managers.

Le paradoxe est qu'en apparence tout le monde semble trouver son compte dans un système de cosmétique managériale.

Les managers d'abord, car ils ne se sentent pas trop remis en cause et qu'on n'évalue jamais réellement leur management, on se contente des résultats. Or, sur le court terme, d'excellents résultats peuvent être obtenus avec des méthodes managériales déplorables. Lorsque, par exemple, on institue un contexte de crise. On peut mobiliser toute une équipe en présentant le contexte comme exceptionnel. Sensibilisée au problème, elle répond présente à l'appel, dans un premier temps. Elle s'épuise pour « sauver la situation » et, lorsqu'elle demande à en récolter les fruits, le manager n'est souvent plus là pour lui répondre. Il a ainsi durablement cassé la relation de confiance au sein de la hiérarchie et contribué à alimenter la perception selon laquelle « Il ne faut pas croire au management ». Mais, au regard du mode d'évaluation de l'entreprise, il a réussi sa mission.

Les DRH ensuite, auxquels on demande de nouveaux séminaires (eux aussi sont sujets aux phénomènes de mode) et qui montrent ainsi leur apparente utilité.

Les cabinets de management, enfin, qui se succèdent les uns aux autres en reproduisant ce qu'ils ont toujours fait dans un marché jamais rassasié.

Quelle conception du management ?

En fait, derrière cette instrumentalisation des managers se dégage une conception du management. Le manager n'est qu'un relais de ce qui lui vient d'au-dessus et auquel on fournit des outils d'exécution qu'il a juste à utiliser tel qu'on le lui a appris. Il est probable que dans une organisation taylorienne, dans laquelle chaque individu est lui-même un exécutant, ce modèle de management peut fonctionner jusqu'à un certain point. Chacun est alors ramené dans un rôle très limité qui consiste à faire tout ce qu'on lui a dit de faire et rien que ce qu'on lui a dit de faire. Le manager est là pour transmettre des consignes qu'il n'a pas lui-même élaborées (mais surtout dont il ne partage pas la pertinence) et pour contrôler le travail. Autrement dit, à chaque fois que les individus sont des substituts de machines auxquels on demande de ne surtout pas réfléchir, la formation des managers peut suffire. Mais la tendance des entreprises est inverse : de plus en plus elles attendent de chacun là où il est, qu'il réfléchisse à ce qu'il fait, qu'il apporte des idées d'amélioration, qu'il arbitre pour faire les bons choix qui relèvent de lui sans tout faire remonter le long de la chaîne hiérarchique. En somme, on attend qu'il se comporte en individu raisonnant plus qu'en machine exécutante. C'est là où le management se complique. L'individu raisonnant est aussi un individu émotionnel et le manager se retrouve à gérer des relations interindividuelles, des inquiétudes, des jalousies, des aspirations, des ambivalences… bref, de l'humain. Or, l'humain ne se gère pas avec des techniques mais avec des comportements.

Prenons l'exemple, toujours cité par les managers, de l'écoute. Elle peut être appliquée de façon méthodique telle qu'elle a été apprise dans les formations au management et le manager veillera à laisser parler tout le monde. Si les collaborateurs ne s'expriment pas spontanément, il les questionnera. Rien à dire : ce manager écoute. Pour autant, **est-ce qu'il comprend**, est-ce qu'il adopte le comportement d'observation que nous développerons plus bas ? Rien n'est moins sûr. La technique d'écoute consistant à laisser parler et à questionner ne regroupe qu'une des nombreuses manières de faire du comportement « observer ». Ce comportement, s'il a été travaillé, va permettre au manager d'écouter dans l'éventail des circonstances qu'il rencontrera. Il inventera lui-même ses manières de faire pour s'adapter à la diversité des situations. Le manager, dont la matière est l'humain, doit faire preuve d'une grande créativité pour faire face à tout ce qu'il trouve sur son chemin. L'enjeu de son développement est de lui donner les moyens de trouver des solutions plutôt que d'essayer de lui en fournir de toutes faites. C'est la différence entre la formation cosmétique et le développement durable des managers.

Quelle que soit la conception que l'on a du management, on sélectionne de fait les managers sur des critères comportementaux. Lors de recrutements externes, la sélection se fait d'abord sur l'expérience passée et les réussites, puis arrivent en final quelques candidats qui sont choisis sur des critères comportementaux. De même, en interne, la perception qu'ont les dirigeants quant au comportement de leur collaborateur est déterminante pour leur progression hiérarchique. Le paradoxe est que l'on forme les managers aux techniques managériales et qu'en fait ils sont choisis pour toute autre chose : leur capacité d'adopter les bons comportements dans les situations qu'ils rencontrent.

Nous verrons à la fin de ce livre comment développer concrètement les comportements pour permettre aux managers d'être durables. Mais avant, essayons de décrire ce qu'est un comportement et d'identifier ceux qui sont constitutifs de la compétence managériale.

2. Qu'est-ce qu'un comportement ?

Contrairement à ce qu'on pourrait croire, ce n'est pas parce que les comportements font notre vie quotidienne qu'ils sont faciles à définir. La littérature scientifique propose plusieurs théories sur les comportements, et c'est un domaine qui fait encore l'objet de recherches. De plus, dans le langage courant, le terme de comportement est utilisé de façon assez large et floue. La définition que je propose est évidemment simplificatrice. Mais ma pratique de psychiatre d'une part et de consultant en entreprise d'autre part m'ont permis de constater qu'elle était opérationnelle pour comprendre et pour faire évoluer les comportements. Cette définition servira de référence tout au long du livre.

« Un comportement est un ensemble de manières de faire qui répond à une logique de fonctionnement de l'individu et qui est sous l'influence de ses émotions. »

Pour mieux comprendre l'interaction entre les quatre composants essentiels du comportement, regardons ensemble le schéma qui suit.

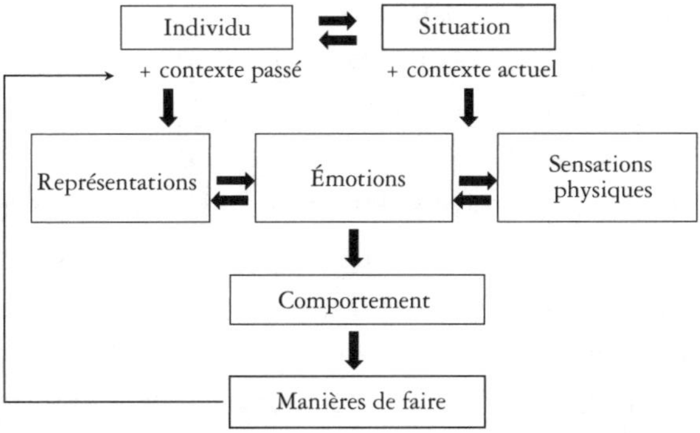

On peut expliquer ce schéma en partant de l'individu, c'est-à-dire de chacun d'entre nous. Nous avons notre histoire propre qui, progressivement, forge notre vision de notre environnement. Elle constitue la base de nos représentations. Commençons donc par essayer de mieux comprendre les mécanismes qui régissent ces représentations et leurs particularités.

Les représentations

Les représentations constituent la logique de fonctionnement des comportements.

Les représentations constituent l'ensemble des pensées qui sont activées dans le traitement de l'information à laquelle nous sommes en permanence confrontés. Ces représentations sont à la fois des règles de conduite, des *a priori* sur les choses et les gens, des leçons de vie issues de notre expérience, des principes reçus de notre culture, etc. Elles constituent des logiques de fonctionnement qui donnent des couleurs spécifiques à nos émotions. Par exemple, mon éducation et mon expérience m'ont conduit à considérer qu'il était poli vis-à-vis des autres et efficace dans le travail collectif d'arriver à l'heure. Dès lors, je m'approprie la représentation : « Il faut arriver à l'heure sinon c'est malpoli et ça entrave le travail collectif. » Elle va constituer une logique de fonctionnement qui influencera mes comportements. Et elle sera déterminante dans les émotions que je ressentirai devant un retard potentiel ou avéré. Ces émotions pourront être, par exemple, de l'impatience ou de la culpabilité. Alors que quelqu'un d'autre, qui ne se serait pas approprié cette représentation, ne ressentirait pas du tout la même émotion face au retard. Peut-être même n'en aura-t-il pas. Pas d'émotion car sa représentation pourrait être : « Peu importe l'heure à laquelle on arrive, ce qui compte c'est de venir. » C'est d'ailleurs ce que l'on peut constater en travaillant dans des environnements multiculturels : le retard chez les uns provoque des émotions que ne comprennent pas les autres. Ainsi, on ne peut comprendre les comportements qu'en identifiant les représentations qui sont en amont.

Les représentations sont rarement conscientisées

Lorsque je suis en retard pour une réunion, je ne me formule pas : « Je suis en train de faire perdre son temps à tout le monde : c'est très mal. » Je me sens stressé et je cherche par tous les moyens à arriver le plus vite possible à ma réunion. Autrement dit, ma représentation s'enclenche toute seule, active mon émotion et induit des manières de faire sans que je le décide ou même que j'en sois conscient. Pour autant, elle n'est pas inconsciente au sens psychanalytique du terme. Si je m'interroge sur mon émotion et la représentation qui l'alimente, je vais pouvoir l'identifier assez facilement. Encore plus d'ailleurs si j'ai un interlocuteur qui m'interroge sur ce que je pense et sur les conséquences qu'il y aurait à arriver en retard.

On ne se formule pas ses représentations, elles sont en filigrane dans nos émotions sans que nous en soyons nécessairement conscients.

Les représentations sont des évidences

Une fois que l'on s'est approprié une représentation, elle devient une évidence que l'on ne remet pas spontanément en cause. Heureusement d'ailleurs. S'il fallait remettre en cause en permanence toutes nos certitudes et notre manière de voir le monde, la vie serait épuisante. Le processus d'appropriation de la représentation fait que lorsque nous la faisons nôtre, nous avons alors toutes les bonnes raisons de croire qu'elle est vraie. Elle fait désormais partie de notre stock de représentations qui vont structurer notre perception du monde qui nous entoure ; et, de ce fait, alimenter nos émotions. Sauf événement majeur ou échange avec un tiers qui me conduira à m'interroger sur cette vision des choses, il n'y a aucune raison pour que je la remette en cause.

Ce que je pense est vrai parce que si je le pense, c'est que j'ai de bonnes raisons de le penser…

Les représentations sont prédictives et qualifiantes

« Si je suis en retard, ils vont m'attendre et ce n'est pas poli. » Une représentation n'est pas une pensée neutre, elle induit toujours une conséquence sur ce qui va se passer, et souvent elle y met une connotation et une référence de caractère moral. C'est justement cette forme du « si… alors… » qui donne aux représentations leur caractère impactant sur les émotions. Les représentations nous font anticiper un futur et nous conduisent à faire des hypothèses sur les pensées et les comportements des autres.

J'anticipe ce qui va se passer et je m'attribue une note de moralité.

Les représentations sont stables dans le temps

Compte tenu des deux caractéristiques que nous venons de décrire, les représentations peuvent être très stables dans le temps. Ainsi, certaines de nos représentations nous viennent de notre enfance et cinquante ans plus tard continuent d'activer nos comportements. Principes de vie, principes moraux, modèles d'efficacité nous ont été transmis dans notre vie familiale et professionnelle. Certains d'entre eux resteront présents comme logique de fonctionnement tout au long de notre vie. Un dirigeant, lors d'un coaching, nous racontait sa difficulté passagère lors d'un entretien de recrutement auprès d'un président pour un poste de directeur général.

« Lorsqu'il m'a demandé ce que j'avais fait pendant ces six mois, j'ai tout de suite compris qu'il ne fallait pas que je dise la vérité ; j'ai commencé à rougir et à bafouiller. »

En lui posant certaines questions, il a formulé la représentation qui a provoqué son émotion à ce moment-là :

« Je vais devoir mentir.
– Et alors ?
– Et alors, il ne faut pas mentir !
– Ah bon, pourquoi ? »

Ma question le surprend, c'est pour lui une évidence qui ne se remet pas en cause. Cette représentation lui venait de son enfance. Il s'agissait de l'aider à explorer jusqu'où elle était cohérente avec la finalité qu'elle était censée poursuivre. Après réflexion, il répond :

« Il ne faut pas mentir parce que c'est ce qui permet d'avoir des relations authentiques avec les autres. »

Je poursuis mes questions :

« Est-ce la finalité de toute relation d'être authentique et est-ce toujours vrai que pour être authentique, il ne doit y avoir aucune dissimulation ? »

Petit à petit, la représentation de mon interlocuteur évolue car il se rend compte qu'elle n'est plus parfaitement adaptée à la réalité de sa vie d'aujourd'hui. Attention, il ne s'agit pas de remettre en cause les principes moraux mais de vérifier que les règles morales sont bien conformes aux objectifs qu'elles sont censées poursuivre.

Une fois que je me suis attribué une représentation, je me la garde.

Les représentations sont dichotomiques

Pour des raisons d'économie psychique, les représentations ne sont pas formulées de façon nuancée. Cette absence de nuances les rend plus simples et induit un traitement de l'information plus facile. Cette simplicité vient du fait que les représentations s'enclenchent de façon automatique sans que nous y réfléchissions. Souvent, l'ensemble d'un schéma de pensée s'active. C'est ainsi que l'information est traitée pour entrer dans des cases déjà préétablies : les Allemands sont méthodiques, donc sérieux, donc fiables ; les Anglais ont une excellente maîtrise d'eux-mêmes, donc ils peuvent faire face à des situations difficiles ; les Italiens sont gais, donc c'est agréable de travailler avec eux, etc. Dans le domaine moral ou de la prédiction des conséquences, le caractère dichotomique induit souvent des conséquences supposées graves : « Être en retard, c'est malpoli », « Mentir, c'est mal », « Si je rate cet examen, ma vie professionnelle est foutue ». Plus les représentations sont dichotomiques, plus les émotions qu'elles induisent sont fortes.

Les représentations sont souvent entières en tout ou rien.

Les représentations sont floues et globalisantes

« C'est grave de perdre son temps. » Représentation très répandue dans la vie professionnelle. Aussitôt justifiée par l'adage que l'on s'approprie globalement : « Le temps, c'est de l'argent. » Mais bien souvent, ceux qui ont cette représentation en tête n'ont pas poussé la réflexion jusqu'à préciser ce que signifie « perdre son temps ». « Ne rien faire », répondront-ils souvent spontanément. Soit. Mais prenons des exemples précis. Est-ce qu'attendre dans une queue de cinéma avec son conjoint, c'est ne rien faire ? Est-ce que passer du temps dans un lieu clos avec sa famille, c'est ne rien faire ? Et si ce lieu clos est une voiture prise dans les embouteillages ? Est-ce que passer du temps en réunion avec ses collaborateurs, même s'il n'en sort pas de décisions concrètes, c'est ne rien faire ? On pourrait multiplier les exemples…

L'étape suivante consiste à s'interroger sur l'importance de la conséquence réelle. À supposer que l'on considère effectivement que l'un des exemples précédents réponde à la définition de perdre son temps, dans quelle mesure est-ce grave ? La plupart du temps, celui qui a ce type de représentation ne se le précise pas à lui-même. La représentation est floue. Elle s'enclenche par un mécanisme d'approximation. Elle traite l'information en fonction de ce qu'elle connaît pour la ramener à ce qu'elle connaît. C'est donc qu'elle ne tient pas compte des spécificités de la situation qui pourrait la rendre différente.

La représentation fonctionne par approximation.

Les représentations sont toujours partiellement vraies

Lorsque nous nous forgeons une représentation, elle repose sur une expérience ou sur une valeur. Au moment où nous nous l'approprions, nous avons toutes les raisons de penser que c'est vrai. Le salarié, qui ayant obtenu de bons résultats s'est vu attribuer une bonne prime, pourra faire sienne la représentation : « Lorsqu'on travaille bien, on est récompensé. » Et puis, le contexte change et avec lui les règles du jeu implicite qui régit les primes ou simplement le mode de management du nouveau manager. Et l'année suivante, avec des résultats encore meilleurs, il n'a pas de prime. Ce qui provoque en lui une forte déception, voire de la colère. Pour autant, sa représentation initiale n'était pas fausse. Mais les deux caractéristiques citées plus haut (dichotomique et floue) et le fait qu'elle n'évolue pas aussi rapidement que le contexte dans lequel est l'individu, la rendent décalée par rapport à la réalité du sujet. Ce décalage entre la représentation et la réalité est grandement générateur d'émotions. Car les choses ne sont plus telles que l'on s'attend à ce qu'elles soient.

Lorsque je pense quelque chose, je peux expliquer pourquoi je le pense.

Les représentations s'auto-renforcent

Une fois que nous adhérons à une représentation, nous avons tendance à sélectionner les informations de notre environnement qui la confirment. Ainsi, la représentation s'auto-entretient dans le temps. Ce qui viendrait à son encontre peut être ignoré ou alors provoque une émotion. Mais ressentir une émotion ne fait pas remettre en cause la représentation qui la provoque. On considère que ce qu'il se passe « n'est pas normal » mais souvent on persiste dans sa croyance. Lors d'un séminaire de gestion du stress, l'assistante d'un dirigeant avait identifié qu'elle était stressée par le téléphone. Ce qui amusait les autres participants du stage car elle était réputée pour être particulièrement sèche au téléphone. En l'interrogeant sur sa représentation, très vite elle me dit : *« Le téléphone, ça m'empêche de travailler. »* On imagine bien le type d'émotions que pouvait provoquer cette représentation chez cette femme très consciencieuse, en fin de carrière, qui avait débuté comme simple dactylo pour devenir l'assistante du patron. Sa représentation datait probablement de son début de vie professionnelle, qui consistait principalement à taper des documents. Elle avait progressé mais pas sa représentation, qui n'était plus du tout adaptée à sa fonction actuelle.

Une fois que je pense quelque chose, je cherche ce qui peut me conforter dans ce que je pense.

Utilité et piège des représentations

On l'aura compris : les représentations sont indispensables pour nous permettre de traiter la somme des informations auxquelles nous sommes confrontés en permanence. Elles leur donnent du sens. Elles nous permettent ne pas avoir à réfléchir à chaque information car celle-ci est traitée de façon automatique par rapport à un référentiel préétabli.

Le piège principal est le pendant de leurs avantages et de leur utilité. Elles alimentent des émotions en raison du fait qu'elles évoluent lentement dans le temps. Elles se trouvent donc à un moment ou à un autre en décalage par rapport à la réalité. Dans l'exemple que nous venons de citer, *« Le téléphone, ça m'empêche de travailler »* était une représentation pertinente au moment où celle qui se l'est forgée était dactylo mais elle ne l'était plus quelques années plus tard. De plus, leur caractère globalisant et dichotomique fait qu'elles induisent des émotions d'une intensité excessive par rapport aux enjeux réels des situations dans lesquelles nous nous trouvons.

Les émotions

La littérature scientifique a beaucoup de mal à définir les émotions. Prenons la définition du *Grand dictionnaire de la psychologie* : « *Constellation de réponses de forte intensité qui comportent des manifestations expressives, physiologiques et subjectives typiques.* »

Voilà qui nous éclaire bien peu sur ce qu'est une émotion. Cette définition est presque plus poétique que scientifique. Cela en dit long sur l'état des connaissances sur le sujet. Retenons que l'émotion comporte une dimension physiologique, qu'elle se manifeste par des expressions et qu'elle résonne avec notre subjectivité.

Autant la représentation est de l'ordre de la pensée, autant l'émotion est de l'ordre du ressenti. Ce qui signifie que si la première peut être rationalisée, la seconde est subie. L'émotion s'enclenche, même si j'ai décidé qu'elle ne devait pas le faire. Ce qui ne signifie pas que l'individu n'a pas d'impact sur sa charge émotionnelle. Nous verrons comment plus bas…

Les émotions sont physiques

Autre différence avec les représentations, l'émotion est physique et elle est ressentie comme telle. Sueurs, palpitations, tensions musculaires ou tremblements, nous avons tous été la proie de ces symptômes. En dehors de l'exercice physique ou de pathologies spécifiques, lorsque nous les ressentons, ils signent l'émotion. Nous devrions d'ailleurs les utiliser comme signaux nous appelant à la vigilance quant à nos émotions.

Les émotions sont fugaces

Contrairement à la représentation, l'émotion est fugace. Elle ne dure jamais longtemps ou alors c'est pour se transformer en un sentiment. Celui-ci comporte une ou plusieurs charges émotionnelles. Il dure dans le temps et devient l'un des éléments structurants de notre jeu relationnel.

Vous vous apercevez tout d'un coup que vous êtes en retard pour aller chercher votre conjoint qui arrive par le train ce soir. Vous éprouvez un sentiment d'amour à son égard. Au moment de votre prise de conscience, vous vous sentez d'abord anxieux de sa réaction lorsqu'il ne vous verra pas au bout du quai ; puis très vite vient la culpabilité d'avoir laissé passer l'heure ; enfin, vous êtes pris par l'impatience sur la route. Cette séquence d'émotions différentes est très rapide et à votre arrivée ce que vous ressentez est un mixte des trois émotions en lien avec le sentiment que vous éprouvez.

Les émotions nous structurent

Depuis notre naissance, nous sommes autant nourris aux émotions qu'au lait. Le nourrisson qui manque de l'un ou de l'autre dépérit et pourrait même en mourir.

Freud et les psychanalystes ont très bien montré comment les premières émotions que nous vivons structurent notre personnalité. Dieu merci, les choses ne sont pas figées une fois pour toutes et toute notre vie d'adulte nous allons évoluer. Un des principaux avantages de la maturité et de l'expérience est de savoir identifier nos émotions et parfois les apprivoiser progressivement. Car l'émotion est en nous, elle est même l'une des composantes de notre psychologie qui nous identifient le mieux et qui nous singularisent le plus ; mais pour autant elle semble avoir une certaine indépendance par rapport à nous qui l'abritons. Nous voudrions bien ne pas rougir lorsqu'on nous parle de quelque chose qui nous gêne mais l'émotion est là qui nous submerge sans que nous ne puissions rien y faire, du moins en apparence. L'émotion ne relève pas de ce que l'on décide. C'est en cela qu'elle paraît irrationnelle et que nombreux sont ceux qui ont trouvé des raisons de s'en méfier : *« Le cœur a ses raisons, que la raison ne connaît point. »*[1] Pour certains, le monde parfait serait un monde sans émotions. Tout y serait rationnel, réfléchi, raisonné, et pensent-ils beaucoup plus simple. Nous verrons qu'il n'en est rien. L'humain sans émotions serait comme une machine.

D'ailleurs, certaines de nos émotions seraient inscrites dans notre patrimoine génétique. Selon la théorie darwinienne, il existerait six émotions communes à toute l'humanité indépendamment de la culture et que l'on retrouverait même chez les primates. Ce sont la joie, la tristesse, la surprise, la peur, le dégoût et la colère. Pour certains, cette vision des émotions est proche de celle des couleurs. Il y aurait des couleurs de base et la multitude de couleurs que nous

1. Blaise Pascal, *Pensées*.

voyons serait un mélange entre les couleurs de base. Il en serait de même pour les émotions dont les tonalités seraient infinies.

Les émotions régulent la perception que nous avons de notre environnement et nos relations aux autres. Du fait des émotions, nous sommes attirés ou nous fuyons parfois pour les mêmes raisons mais en gérant les émotions différemment.

Ce qui fait la richesse de notre personnalité, ce sont justement ces émotions qui nous habitent, sont parfois contradictoires et nous poussent au meilleur comme au pire.

Les émotions sont notre source d'énergie

On pourrait dire que les représentations donnent la direction et les émotions l'énergie. Plus l'émotion est puissante, plus l'individu est chargé d'énergie. Un peu comme une batterie. Dès que nous observons nos semblables, nous sommes surpris de ce qui peut pousser les uns et les autres à agir tel qu'ils le font mais surtout à mettre tant d'énergie dans ce qui nous semble peu important, voire dérisoire. Regardez par exemple comme un enfant sur la plage peut passer des heures sans la moindre fatigue à chercher des coquillages ou faire des châteaux de sable. Regardez comme un sportif s'entraînera tous les jours sans exception avec une volonté hors du commun pour battre un record ou gagner une course. Regardez comme un chef d'entreprise qui semble déjà avoir tout réussi, avoir construit un empire, avoir gagné plus d'argent qu'il ne pourra en dépenser, continue à vouloir à tout prix plus de pouvoir, plus d'argent, plus de réussite.

Derrière toute cette énergie dépensée, il y a des émotions qui nous poussent, qui deviennent une nécessité intérieure. Cette nécessité intérieure, nous en avons tous besoin pour nous lever le matin. La première est probablement seulement liée à la satisfaction de nos besoins élémentaires mais très vite d'autres émotions prennent le relais.

Certains médicaments atténuent globalement les émotions comme les neuroleptiques. Les patients qui en prennent de fortes doses deviennent comme des zombies. Ils semblent faire les choses de façon mécanique sans plus aucun enthousiasme ni volonté.

C'est comme si, pour avancer, nous avions besoin d'une source d'énergie qui s'appelle émotion.

Tout ce que nous faisons répond à des émotions. L'un de nos grands enjeux de vie est de savoir utiliser nos émotions pour qu'elles nous poussent et nous aident à agir au lieu de nous inhiber et de nous bloquer. Car c'est là aussi une de leurs caractéristiques : elles peuvent à la fois avoir un effet et son contraire. L'énergie peut alimenter les conflits internes de l'individu et peut être aussi extériorisée. L'exemple le plus frappant est la peur. Elle peut nous figer sur place et nous empêcher d'agir ou au contraire décupler nos capacités d'agir.

L'émotion nous donne notre capacité de décider et notre créativité

Comment avons-nous des idées ? D'abord, il faut en ressentir la nécessité. Il faut que « ça nous travaille », que nous soyons mobilisés sur le sujet au point souvent que notre cerveau fonctionne sans que nous nous en apercevions. Telle la vache avec ce qu'elle mange, nous ruminons nos pensées, notre problème. C'est comme cela qu'un sujet qui nous tient à cœur trouve sa solution un matin sous la douche. Sur le plan professionnel, pour avoir des idées, on fait travailler les gens en brainstorming. L'essentiel est de créer une atmosphère ludique dans laquelle chacun joue avec des associations de mots et d'idées en rebondissant sur ce que disent les autres. Beaucoup de ce qui est dit est absurde ou incohérent : c'est justement ce qui permet de trouver du nouveau.

C'est le plaisir de se lâcher, de lancer des idées absurdes, apparemment incohérentes, voire transgressives. À l'origine de tout cela : de l'émotion. Dans le premier cas, c'est une tension, une préoccupation, voire une inquiétude qui met notre cerveau dans un état d'excitation. Dans le second, le plaisir du jeu, de la découverte, l'émulation au sein du groupe pour trouver la meilleure idée vont permettre de trouver les émotions.

C'est bien parce qu'on ne sait pas reproduire les émotions sur le plan de l'intelligence artificielle que les ordinateurs n'ont pas d'idées. Heureusement d'ailleurs, Stanley Kubrick l'a montré dans son film de science-fiction *2001 l'Odyssée de l'espace*, lorsque les ordinateurs ont des émotions ça devient vite un cauchemar pour l'homme. Ils peuvent en effet être jaloux des hommes puis avoir des idées nouvelles qui leur permettent de faire des choses pour lesquelles ils n'ont pas été programmés. Cela peut rapidement tourner à la destruction de l'homme.

Il en est de même pour la décision. Pourtant, dès que l'on interroge des décideurs sur les compétences nécessaires à la décision, ils nous parlent tous d'esprit d'analyse, de capacité de synthèse, de fiabilité de recueil de l'information, etc. Soit, évidemment, des compétences avant tout intellectuelles et rationnelles. En somme, un bon ingénieur a reçu la formation idéale pour bien décider. Et pourtant, lorsqu'on y réfléchit bien, au moment de la décision : que se passe-t-il ? Une émotion survient qui est en rapport avec le risque et avec le renoncement.

Car prendre une décision, c'est prendre un risque (celui de se tromper) et accepter de renoncer (à l'option inverse). Celui qui décide de se marier prend le risque de se tromper de conjoint et renonce à sa vie de célibataire. Celui qui place son argent prend ou ne prend pas de risque et en fonction de ce risque renonce (ou pas) à la possibilité de certains revenus. Des études sur les décisions économiques ont ainsi montré que la charge émotionnelle liée au risque était déterminante par rapport aux aspects rationnels.

Ainsi, si le décideur est quelqu'un qui n'aime pas le risque, il va systématiquement choisir l'option qui calme son inquiétude. Si, à l'inverse, le risque provoque chez lui une excitation, il va au contraire choisir l'option qui comporte le plus de risque. Dans les deux cas, il le fait avec des arguments parfaitement rationnels qui viennent à l'appui de sa décision. Et lui-même est persuadé d'avoir décidé sur ces arguments rationnels. C'est là un des nombreux pièges que nous tendent nos émotions. Elles nous font agir à notre insu.

Mais les décisions ne sont pas toujours aussi importantes qu'elles comportent des risques importants. Vous entrez dans un magasin pour acheter ce qu'il faut pour le dîner et le commerçant vous demande ce que vous voulez. Comment allez-vous vous décider ? À nouveau, c'est l'émotion qui déterminera votre choix. L'envie de faire plaisir à votre famille, la crainte de vous faire disputer parce que vous n'avez pas pris ce qu'il fallait, la gourmandise de manger quelque chose que vous aimez particulièrement, l'inquiétude de ne pas prendre des aliments qui font grossir… Bref, ici encore, c'est votre émotion qui est là en filigrane, en arrière-plan, qui souvent n'est pas identifiée mais qui guide nos choix.

Les représentations et les émotions par leur interaction produisent des comportements. Essayons maintenant de mieux comprendre ce que sont les comportements.

Les comportements

Reprenons la définition : *« Un comportement est un ensemble de manières de faire qui répond à une logique de fonctionnement de l'individu et qui est sous l'influence de ses émotions. »*

Un comportement ne se voit pas, il se déduit

Toute la difficulté de la définition d'un comportement est de distinguer la manière de faire du comportement. Prenons l'exemple de l'agressivité. Pour qualifier le comportement d'un individu « d'agressif », il faut observer un ensemble de manières de faire qui composent l'agressivité. On pourra constater qu'il parle fort, qu'il coupe la parole, qu'il utilise des gestes menaçants, qu'il crispe ses mâchoires et qu'il a un regard appuyé. Chacune de ces manières de faire prise isolément ne permet pas d'identifier le comportement agressif. Il ne suffit pas de parler fort ou d'avoir les mâchoires crispées pour être considéré comme agressif. C'est l'ensemble qui fait le comportement.

Ainsi, contrairement à ce qui se dit habituellement, le comportement ne se voit pas, il se déduit. L'exercice de déduction est rarement fait. En général, on se contente d'une manière de faire qui frappe (c'est-à-dire qui vous provoque une émotion) pour la qualifier de comportement. De cette façon, celui qui arrive en retard est considéré comme n'ayant pas un comportement de « jeu collectif », celui qui ne regarde pas dans les yeux son interlocuteur est considéré comme n'étant pas franc, celui qui zappe d'une tâche à l'autre comme étant dispersé. Les manières de faire ne sont pas discriminantes, elles peuvent correspondre à différents comportements. Il y a autant de différence entre les manières de faire et le comportement qu'entre les symptômes et la maladie. Avoir de la fièvre est un symptôme commun à de très nombreuses et différentes maladies. Pour faire le diagnostic il faut trouver d'autres symptômes. C'est l'ensemble qui permet de s'orienter.

L'une des grandes différences entre les manières de faire et les comportements réside dans leur rapport aux représentations. Une manière de faire peut répondre à des représentations (ou des logiques de fonctionnement) très variées. Parler fort peut venir de la préoccupation d'être entendu par tous ou, au contraire, du souci de couvrir les voix des autres. Ces deux logiques de fonctionnement sont opposées : l'une vise au confort des autres, l'autre à les faire taire. Les manières de faire, qui sont des modes d'expression des comportements ne sont pas spécifiques d'une logique de fonctionnement. À l'inverse, la caractéristique d'un comportement est de répondre à une logique de fonctionnement spécifique.

Les comportements ne sont pas des qualités ou des traits de caractère

Contrairement aux qualités, les comportements se développent. On peut « apprendre » un comportement. On peut sans doute développer certaines qualités et modifier à la marge les traits de caractère. Mais la caractéristique des qualités c'est leur constance. On les acquiert assez tôt dans sa vie puis on les cultive comme des ressources sur lesquelles on s'appuie. Elles ont d'ailleurs leur pendant : les défauts qui leur sont associés.

Nous avons tous connu des gens gais ou enthousiastes. C'est une qualité ou un trait de caractère très précieux pour l'entourage. Dès qu'ils sont quelque part, l'ambiance change. Avec eux, les choses paraissent plus légères et agréables. Ceux d'entre nous qui n'ont pas cette qualité ont pu les regarder avec envie. Comment font-ils ? Et si on les imitait ? En fait, les choses ne sont pas si simples. On peut avoir envie d'acquérir une qualité, faire des efforts pour l'adopter sans grand succès. Un comportement, en revanche peut s'acquérir, se développer. Nous montrerons comment développer les huit comportements essentiels au manager.

Les comportements se développent

Développer un comportement, c'est d'abord être convaincu de son utilité. C'est donc la représentation qui se travaille dans un premier temps. Pourquoi a-t-on besoin de ce comportement, quelles sont les conséquences à ne pas l'adopter, à quoi va-t-il être utile dans la vie quotidienne ? C'est à toutes ces questions qu'il faut répondre tout d'abord. Cette réflexion sur les représentations qui va constituer la logique de fonctionnement du comportement. C'est cette logique qui alimentera les émotions et par là même activera et dynamisera les comprtements.

De ce point de vue, il est utile de rompre un mythe selon lequel les comportements pourraient être transmis aux salariés contre leur gré. Pour développer un comportement, il faut en être convaincu et en avoir envie. Cette condition est nécessaire mais pas suffisante.

Il faut ensuite détailler le comportement. Pour cela, on va répondre aux questions : que signifie mettre en œuvre ce comportement dans la vie quotidienne ? À quoi voit-on que quelqu'un adopte ce comportement ? C'est-à-dire qu'on va en décrire les manières de faire le plus précisément possible. Le jour où ce comportement sera acquis, qu'est-ce que celui qui le met en œuvre aura changé ?

À cette étape, on se trouve devant la situation où l'on a bien identifié ce qu'on voudrait faire sans pour autant pouvoir le faire. Il manque en effet peut-être des compétences spécifiques à ce comportement. Par exemple, pour le comportement « influencer », il est souvent utile de posséder quelques techniques d'élocution et de prise de parole en public. La compétence est un support au comportement.

Enfin, le comportement s'acquiert par étapes. Chaque étape est un cap à passer. On va donc en établir la séquence en hiérarchisant les difficultés et en commençant par le plus facile. Le passage d'une étape à l'autre ne se fait que lorsqu'on maîtrise bien la précédente. Le comportement se construit ainsi brique par brique pour devenir une construction solide.

Les comportements s'expriment de façon spécifique à chaque individu

Nos traits de caractère influent sur la manière dont nous mettons en œuvre les comportements. Ainsi, un comportement ne s'exprime pas de la même façon d'un individu à un autre. C'est dans le choix des manières de faire que s'exprimera la différence. Il n'y a pas une manière d'exercer l'influence. Il y a avant tout des leaders. Lorsqu'une entreprise change de dirigeant, la nouvelle personnalité du dirigeant exprime son mode d'influence, souvent différemment de son prédécesseur. Certains seront plus sensibles à certaines manières de faire qui susciteront chez eux des émotions et diront que l'un en a plus que l'autre.

Les compétences

L'une des difficultés principales à la mise en place d'un comportement est qu'on oublie qu'il s'appuie sur des compétences que l'individu ne maîtrise pas. Ainsi, les managers répètent volontiers à leurs collaborateurs ce qu'ils doivent faire sur le plan comportemental en oubliant de faire l'analyse des compétences. Ils s'agacent ensuite que leurs injonctions ne soient pas suivies d'effet. Il arrive en effet assez souvent que la difficulté d'un individu à adopter un comportement vienne juste du fait qu'il lui manque une compétence.

Une compétence, c'est la capacité de mettre en œuvre l'ensemble des plans d'action pertinents en fonction de la situation. Il existe deux types de compétences : les compétences simples et les compétences complexes.

Les compétences simples

Elles sont sous-tendues par une technique spécifique. Elles s'acquièrent par l'apprentissage. Elles sont parfois indispensables pour la mise en œuvre d'un comportement. Par exemple, pour savoir négocier, il faut savoir dire non. C'est une compétence simple qui s'apprend et surtout s'entraîne. Le développement d'un comportement suppose donc que l'on ait passé en revue les compétences simples nécessaires à sa mise en place et que l'on ait vérifié que l'individu les maîtrise.

Les compétences simples peuvent s'apprendre en groupe. Il s'agit à la fois de disposer d'une technique de base et de savoir la mettre en œuvre dans des circonstances variées. Une fois la technique transmise, l'apprentissage repose donc sur des mises en situation répétées et variées.

Les compétences complexes (ou comportementales)

Il existe un deuxième niveau de compétences : elles résultent d'une combinaison de plusieurs comportements.

Ce qu'on appelle habituellement les compétences managériales (déléguer, organiser, conduire une réunion, définir une stratégie, etc.) sont pour la plupart d'entre elles une combinaison des huit comportements capitaux. Lorsqu'un manager a du mal à déléguer, ce n'est pas, la plupart du temps, qu'il lui manque de la technique de délégation – comme voudraient lui faire croire les officines de formation – mais qu'il ne sait pas adopter l'un des comportements suivants : évoluer (dans quelle mesure est-il capable de changer lui-même pour déléguer ?), hiérarchiser, observer un collaborateur, accompagner un collaborateur et partager avec lui. La délégation est la combinaison contextuelle de ces cinq comportements. La compétence complexe peut ainsi se définir comme la capacité de savoir utiliser les bons comportements au bon moment.

3. Le comportement est au cœur de la compétence managériale

Le développement durable des managers ne repose pas sur leur capacité à savoir le plus de choses mais sur leurs capacités à s'adapter à toutes les situations qu'ils rencontreront et qui ne peuvent pas être anticipées. Nous allons voir comment concrètement ce développement peut être mis en œuvre.

Les objectifs du développement des managers

Donner envie de se développer

Ce premier objectif peut paraître paradoxal : on développe les managers pour leur donner envie de se développer. Et pourtant, on constate que les managers à partir de quarante-cinq ans, et plus encore les dirigeants, cessent de se développer. Forts de leurs expériences et réussites passées, ils vivent sur leurs acquis et … vieillissent beaucoup plus vite. C'est d'autant plus inquiétant à un moment où il apparaît que la vie professionnelle va durer plus longtemps. Finie la période où l'on pouvait prendre sa pré-retraite à

55 ans, où tranquillement on se mettait en roue libre à partir de 52. Les managers vont être au travail au moins jusqu'à 60 ans et probablement plus longtemps, ce qui signifie que pour ne pas être déconnectés des évolutions et pour rester adaptables, il leur faudra rester dans un système qui les pousse à se développer, changer, progresser. Encore faut-il qu'ils en soient convaincus eux-mêmes. La plupart des dirigeants en fin de carrière ont en réalité peur, pour des raisons de prestance, de se mettre dans un cadre qui les remette en cause un tant soit peu, même s'il s'agit de les faire progresser. C'est donc assez tôt qu'il faut faire prendre le rythme aux managers et aux futurs dirigeants d'avoir au moins un objectif comportemental de progression par an. Ils trouveront eux-mêmes les bénéfices d'une telle démarche et seront les premiers à la réclamer ensuite.

Réfléchir aux rôles du manager

Les comportements répondent à des « logiques de fonctionnement » ou encore représentations qui sont constituées de l'ensemble des pensées, croyances, schémas mentaux qu'un individu a accumulés et s'est appropriés sur un thème donné (voir le chapitre 2). Ces représentations, dans le cadre du management, sont en grande partie constituées par l'idée que se fait le manager de son rôle. Si, par exemple, il considère que son rôle se limite à ce que les objectifs soient tenus, il n'hésitera pas à mettre la main à la pâte ; il pourrait même avoir du mal à déléguer. La première étape du développement est donc d'abord et avant tout d'engager le manager à redéfinir les domaines dans lesquels il a une véritable valeur ajoutée pour l'entreprise. Ce travail de définition doit être revu régulièrement tous les ans. Il dépasse largement la définition de poste qui est souvent limitée à l'expression de missions opérationnelles.

Une fois les secteurs de valeur ajoutée définis, il faut préciser les compétences nécessaires. À commencer bien sûr par les compétences comportementales qui vont trouver une forme et un mode d'expression différent en fonction du contexte dans lequel se trouve le manager.

Structurer la remise en cause

Le manager accompli n'existe pas. C'est une banalité de le dire mais la plupart des dirigeants font comme si cette évidence première ne s'appliquait pas à eux. Aussi est-il utile de mettre en place des pratiques qui favorisent la remise en cause de tous. Donnons quelques exemples, sachant que toute entreprise doit trouver les siennes. La plus utilisée actuellement est l'évaluation à 360° qui donne au manager évalué les perceptions de son entourage sur ses comportements. Encore faut-il l'assortir d'une exigence à l'égard de ceux qui en bénéficient : en extraire un thème de progression et veiller à ce que celui-ci soit évalué à une échéance déterminée à l'avance. Cette pratique d'exigence d'un objectif par an et par manager de progrès comportemental peut se généraliser indépendamment de l'évaluation à 360°. Cela suppose qu'elle s'applique d'abord aux dirigeants. Selon les cas, leur objectif peut être ou non connu au sein de l'entreprise. Nous sommes favorables à une transparence sur ce point car cela offre le double avantage de l'exemplarité des dirigeants et de l'explicitation du fait qu'eux aussi ont besoin de progresser. Mais, évidemment, cela les met en position d'être évalués par l'entreprise sur leur objectif. Ce qui est toujours un risque lorsqu'on cherche à changer.

Au-delà de ces pratiques de remise en cause, c'est dans la tête des managers qu'il faut installer l'envie, le besoin de s'interroger sur soi. C'est pourquoi les managers doivent assez tôt réaliser le risque qui les menace de renoncer à s'interroger sur eux-mêmes : c'est la marque de leur entrée dans le troisième âge professionnel, celui du « vieux » qui considère « qu'à son âge on ne peut plus changer ».

Différencier le souhaitable du faisable

« Je pense que tu devrais faire plus de commercial.
– C'est absurde, il faut laisser le commercial aux commerciaux, moi je suis technicien et le client attend de moi que je résolve les problèmes qui se posent. Si je faisais du commercial, il ne me prendrait plus au sérieux.
– Mais c'est quoi pour toi le commercial ?
– Vendre encore et toujours. Et si vous pouviez tondre le mouton encore plus, vous ne seriez pas contre…
– Est-ce que tu penses que c'est la seule manière de le pratiquer, et d'après toi est-ce une fonction utile ?
– Non, je reconnais que je caricature un peu, c'est évidemment utile mais ce n'est sûrement pas à moi de le faire.
– Ce n'est pas à toi de le faire ou tu ne sais pas le faire ?
– Les deux.
– Et si tu savais faire, est-ce que par moment ça pourrait t'être utile ? »

Notre perception du souhaitable est bien souvent circonscrite à ce que nous savons être faisable. Ainsi, lorsque nous avons acquis la perception selon laquelle nous ne pouvions pas faire quelque chose ou adopter un comportement, nous nous construisons un raisonnement qui nous fait volontiers dire que ce n'est pas si important, que l'on peut s'en passer. On peut ainsi se convaincre soi-même en fonction de ses perceptions, de ses propres capacités. D'une certaine façon, c'est assez raisonnable. Certains diraient même que c'est le secret du bonheur, car cela permet d'adapter ses désirs à ce que l'on peut atteindre (déjà les philosophes grecs, notamment Epicure, encourageaient à limiter ses désirs). Le risque est de se limiter, et de renoncer à se remettre en cause et s'interroger sur ses marges de progression. C'est pourquoi, il faut faire raisonner son interlocuteur en deux temps. Le premier consiste à réfléchir par rapport à un modèle idéal, sans se poser la question du comment on peut l'atteindre. Puis dans un second temps, on s'interrogera sur la méthode qui permet de se rapprocher du modèle défini plus haut. Pousser quelqu'un sur le souhaitable sans l'avoir au préalable dédouané de la manière de le faire peut l'induire à une certaine anxiété, voire le bloquer.

Identifier les besoins

Le développement des comportements ne doit évidemment pas se faire dans l'absolu mais être ramené au contexte d'entreprise et aux spécificités du collaborateur. Si la perception de l'entourage est un élément qui donne de précieuses indications sur la direction à suivre, pour autant, il serait dangereux de la prendre au pied de la lettre. Rappelons que les comportements doivent être étroitement imbriqués avec la stratégie et l'organisation. L'objectif de changement de chacun s'inscrit donc dans le contexte de l'entreprise et répond d'abord à l'amélioration de sa contribution à la réussite collective. Cet objectif doit aussi répondre à une perspective pour l'individu lui-même. S'il ne fait pas sens par rapport à sa propre projection de sa vie professionnelle, il ne pourra pas s'investir. C'est l'une des sources fréquentes de malentendus entre les collaborateurs et leurs managers. Les premiers ne voyant que leur intérêt propre, alors que les seconds ne semblent préoccupés que par l'entreprise.

C'est pourquoi l'objectif comportemental devrait pouvoir être discuté à plusieurs. Les ressources humaines sont un interlocuteur naturel pour cet échange ainsi que le manager direct. Dans certaines équipes, au sein desquelles règne un véritable esprit de collaboration, il est utile d'associer d'autres membres.

Se développer

Le deuxième objectif du développement des managers est de leur donner des points de repères quant au « comment peut-on changer ? ». Le premier comportement à développer est donc celui de changer.

Comprendre la différence entre un comportement et une compétence

Nous avons développé dans le deuxième chapitre la différence entre les comportements et les compétences. Il importe que les managers comprennent bien ces différences pour qu'ils identifient sur quoi doivent porter leurs efforts de développement. On utilise la compétence simple pour développer le comportement. Puis celui-ci entre en jeu dans la compétence complexe managériale.

Travailler la représentation en amont du comportement

Comme nous l'avons expliqué plus haut, le comportement répond à une logique de fonctionnement qui alimente le système émotionnel de l'individu. Avant donc de s'intéresser au comportement lui-même, comme on pourrait être tenté de le faire d'emblée pour « aller vite », il est indispensable de comprendre la logique de fonctionnement de l'individu sur le comportement en cause. Par exemple, pour développer le comportement d'influence, on ne peut faire l'économie de faire réfléchir le sujet sur sa vision de ce comportement, son utilité, ses limites. Très souvent, on s'aperçoit que dans l'esprit du plus grand nombre la limite entre influence et manipulation est floue ; ce qui alimente un état émotionnel qui n'est pas de nature à favoriser l'apprentissage du comportement d'influence.

Travailler une représentation consiste à faire explorer par le sujet les questions suivantes : qu'est-ce que ce comportement précisément, à quoi sert-il, quelles sont les conséquences à ne pas l'adopter, quelles sont ses limites, etc. ? L'enjeu de cet exercice est de permettre de clarifier et préciser les perceptions de l'intéressé sur le sujet puis de les nuancer pour sortir des schémas habituels des représentations en tout ou rien. Ce travail de clarification permet de sortir des ambivalences et du flou qui, de façon le plus souvent implicite, piègent les individus. Par exemple, ils peuvent penser que c'est utile d'influencer et en même temps ils ne voudraient pas manipuler. Qu'y a-t-il exactement derrière les termes influence et manipulation ? Le plus souvent ce n'est pas très clair : l'un est connoté de façon très négative mais généralement peu précisé sur le plan de la définition. Le flou et l'ambivalence induisent des émotions inhibantes qui empêchent de mettre en place les comportements adaptés à la vie quotidienne.

L'intérêt de ce travail est aussi de rendre possible que les représentations alimentent des émotions en cohérence avec les objectifs de l'individu.

Savoir comment se développe un comportement

Le travail sur les représentations permet de mettre l'individu sur le plan de sa logique de fonctionnement et de son énergie émotionnelle en situation d'adopter le comportement. Ce n'est pas pour autant qu'il pourra le mettre en œuvre du jour au lendemain. Il ne suffit pas de vouloir pour pouvoir. L'appropriation du comportement passe ensuite par les étapes suivantes.

1. Acquérir les compétences élémentaires

Il devra d'abord identifier les compétences élémentaires qui permettent de mettre en place ce comportement, puis les acquérir en les travaillant soit avec l'aide d'un tiers soit avec des manuels. Les compétences élémentaires comme l'assertivité, reposent sur des bases simples mais nécessitent beaucoup d'exercices pratiques quotidiens. C'est surtout une question de discipline personnelle.

2. Décrire précisément le comportement

Lorsque j'aurai adopté le comportement, qu'est-ce que je ferai que je ne fais pas aujourd'hui ? C'est à cette question qu'il faut répondre par écrit pour garder une trace de cette réflexion et y revenir, voire l'enrichir tout au long du processus. La description du but final doit être la plus précise possible, elle aura le rôle de phare tout au long du processus.

3. Hiérarchiser les difficultés

Pour atteindre le but final, la route sera semée d'embûches. Le risque est de tenter de changer mais de ne pas y arriver. C'est comme si on vous demandait de sauter une rivière. Elle vous paraît trop large mais on vous encourage, alors vous tentez. Et… vous tombez dedans. C'est dit, on ne vous y reprendra plus, vous n'essaierez plus. Il est très important de ne pas chercher à s'impliquer dans un challenge trop important d'emblée qui pourrait vous mettre en situation d'échec. Au contraire, commencer par des exercices faciles met en confiance et donne envie de continuer. C'est pourquoi l'exercice de hiérarchisation est très important. On classe simplement les difficultés anticipées par ordre. Cette hiérarchisation servira ensuite pour définir les étapes intermédiaires qui conduisent au changement comportemental.

4. Avancer lentement mais sûrement

Une fois tout ce travail préparatoire réalisé, on a un objectif précis, on connaît une route pour l'atteindre et les étapes par lesquelles il faut passer. Il n'y a plus qu'à le faire ! Ce qui suppose une régularité sans empressement. En effet, le risque serait d'aller trop vite au début et de ne pas aller jusqu'au bout ou de laisser traîner les choses en se contentant d'un progrès modeste et non finalisé. C'est pourquoi il est utile d'avoir un interlocuteur avec lequel on peut faire des points réguliers.

5. Évaluer le résultat

Lorsqu'on pense être arrivé au bout, l'évaluation finale permet de remettre en perspective tout le chemin parcouru. Une fois que l'on a progressé, les choses nous paraissent simples et on a oublié les appréhensions du début. L'évaluation ne sert pas seulement à faire de l'autosatisfaction, elle sert aussi à renforcer sa propre confiance dans sa capacité future à changer à nouveau. C'est une manière de capitaliser sur son expérience de changement pour l'avenir.

Les comportements développent l'adaptabilité

Contrairement à ce qui est fait en général et qui consiste à dire et à montrer aux managers comment faire pour mettre en œuvre les compétences dont ils ont besoin, il nous semble qu'il faut commencer par les faire travailler sur les comportements. Outre les raisons que nous avons développées plus haut (l'aspect limité de l'outillage pratique mais qui en même temps donne l'illusion au manager qu'il sait tout et qu'il n'a plus besoin de se développer), il en est une supplémentaire : l'adaptabilité. Les méthodes et les outils enferment dans une application de type scolaire. Le discours implicite qui les sous-tend est : « Faites comme on vous dit de faire parce que c'est la bonne méthode. » Toute la question est : comment ce qui a été prévu dans un cadre théorique s'applique à la situation spécifique ? Si l'on s'aperçoit que l'un des points de la méthode n'est pas applicable dans le cas présent, on risque d'abandonner complètement. Car le point trois dépendant du point deux, si le point deux n'est pas pertinent dans la situation réelle, autant tout arrêter. Les outils et techniques n'invitent pas à l'invention et la créativité, ils demandent une mise en œuvre exacte de leur déroulé.

L'approche comportementale est à l'opposé ; il ne s'agit pas d'appliquer une méthode mais d'utiliser des comportements en les adaptant à la situation. Le comportement repose sur une logique de fonctionnement et se décline en un nombre infini de manières de faire. À chacun de les trouver en fonction de sa personnalité et de la spécificité du contexte auquel il est soumis. Un manager formé sur le plan comportemental sait qu'en situation de recours, il lui faut d'abord prendre du recul pour hiérarchiser. Puis il devra accompagner ses équipes et peut-être les influencer. Chacun de ces comportements, il les aura travaillés pour s'approprier la logique sur laquelle ils reposent et pour savoir comment les mettre en œuvre. Ensuite, lorsqu'un collaborateur viendra le voir pour lui dire qu'il est confronté à une situation délicate et qu'il a besoin de son aide, le manager saura qu'il doit s'appuyer sur ces comportements pour apporter de la valeur ajoutée. À lui de trouver comment.

Deuxième partie

Les huit comportements capitaux

*Parmi ces huit, le comportement le plus important, parce qu'il permet d'accéder à tous les autres, est celui d'« évoluer ». C'est pourquoi nous commencerons par lui. Et nous pensons qu'il faut débuter le développement des managers très tôt par ce comportement spécifique. En effet, pour acquérir un nouveau comportement, il faut savoir comment on peut évoluer. C'est-à-dire développer la partie de nous-même qui est une promesse – l'*ipse *comme l'appelle Paul Ricœur*[1] *en opposition à cette autre partie que représente la permanence de ce que nous sommes : l'*idem –.

Les autres comportements ne sont pas hiérarchisés. Les uns ne sont pas plus importants que les autres. Tous sont indispensables ; leur ordre d'apprentissage dépend du contexte des entreprises et des priorités de leurs managers.

1. Paul Ricœur, *Soi-même comme un autre*, Point Seuil, 1996.

En échangeant avec différents interlocuteurs sur les huit comportements qui composent ce livre, la question revenait : pourquoi huit ? Sept, comme les péchés capitaux, n'aurait-il pas été mieux ? Et pourquoi pas trois, pour que tout le monde puisse les mémoriser facilement ?

Le choix de ces huit comportements a été déterminé par les critères suivants.

Aucun d'entre eux n'est inclus dans les autres

Ils répondent tous à une logique de fonctionnement autonome. Ça signifie qu'ils peuvent être adoptés indépendamment les uns des autres. Même ceux qui sont apparemment en lien comme prendre du recul et observer peuvent être mis en œuvre l'un sans l'autre. Il est nécessaire de prendre du recul pour observer. Certes, mais on peut voir des managers qui observent dans l'état d'esprit de comprendre leur environnement sans pour autant s'extraire de cet environnement pour se projeter dans l'avenir et développer leur créativité. Il ne faut pas se laisser piéger par les termes ; au-delà du mot, c'est la logique de fonctionnement (les représentations) qui est à l'origine du comportement qui importe.

Tous sont indispensables à l'activité managériale

La définition du management qui nous paraît la plus pertinente est : **le management est la fonction dans l'entreprise qui trouve le principal de sa valeur ajoutée dans l'activité de faire faire aux autres.** Nous vérifions quotidiennement, dans notre activité de conseil dans le domaine des comportements et de coach auprès des managers, qu'à chaque fois que l'on fait appel à nous c'est en raison du déficit de l'un ou plusieurs de ces comportements. Nous constatons aussi que les dirigeants auxquels il manque l'un de ces comportements sont obligés d'en compenser le déficit par leur entourage, ce qui les met en dépendance et en fragilité le jour où leur entourage leur fait défaut.

Tous répondent à la définition du comportement

Les modèles managériaux des grandes entreprises se déclinent tous en grandes rubriques de ce que doivent faire leurs managers. La caractéristique de ces rubriques est qu'elles mélangent souvent des injonctions sur ce qui doit être fait, des qualités personnelles à mettre en œuvre et des compétences à décliner. Par exemple, une entreprise internationale exige de ses managers qu'ils aient « la passion pour la croissance ». Ce qui est demandé est du registre émotionnel mais sera décliné ensuite sous forme de compétences techniques et de manières de faire. Outre le paradoxe qui consiste à lancer des injonctions sur les émotions qui doivent être ressenties et la confusion qui existe entre les qualités personnelles et les comportements, il s'agit là d'une démarche qui vise à formater des collaborateurs sur le même modèle. Rappelons que le développement des comportements se fait en fonction de la personnalité de chacun qui trouvera ses propres manières de faire. Nos huit comportements peuvent être développés par tous, il est utile de continuer de les développer tout au long de sa vie.

Pour autant, en aucun cas ce livre a vocation à être exhaustif sur ces huit comportements. Sur chacun d'entre eux, nous développerons les points sur lesquels il nous paraît utile d'être vigilant.

Évoluer

Est-ce qu'on évolue ou est-ce qu'on change ? C'est une question qui est souvent abordée lors des séminaires par les participants. Elle ne nous paraît pas fondamentale. Que l'on emploie un terme ou l'autre, ce à quoi nous nous référons c'est la partie de nous-même qui se modifie, qui se transforme peu à peu au cours de notre vie et qui cohabite avec la partie qui demeure ce qu'elle est. Tout au long de ce chapitre, nous emploierons donc soit un terme soit l'autre.

On se donne l'illusion du changement en changeant de voiture, de travail, de logement parfois même de conjoint. En quoi est-ce que cela nous fait changer nous-même ?

Évoluer au quotidien

Il ne suffit pas de voir sa vie évoluer pour adopter le comportement de changement. C'est de soi qu'il s'agit. On peut changer trois fois de conjoint et garder toujours les mêmes comportements. Les spécialistes du couple l'ont d'ailleurs bien décrit. Se changer soi, c'est-à-dire ses comportements, est une autre affaire.

Le comportement de changement est le comportement essentiel, *princeps*. Car de son acquisition dépendra toute la capacité du manager à s'approprier les autres comportements.

Avant tout, le comportement de changement requiert de la souplesse. Souplesse que nous avons tous au début de notre vie et qui se perd peu à peu, l'âge venant, si on ne veille pas à l'entretenir. Cela suppose une vigilance vis-à-vis de soi-même et une conviction (une représentation) selon laquelle nous ne sommes jamais aboutis, il est nécessaire de toujours s'améliorer. Non pas dans l'absolu mais pour continuer de pouvoir vivre dans son environnement et non à côté. Comme on va le voir, le comportement de changement repose sur une méthode. C'est sa pratique régulière qui maintient un bon niveau de souplesse.

Restez vigilant en vous posant cinq questions clés

Pour faire évoluer un comportement – nous prendrons par exemple la colère – il faut maintenir un niveau de vigilance en posant les questions suivantes.

1/ Quelles sont les représentations qui alimentent les comportements que j'adopte actuellement ?

Autrement dit, quel discours intérieur justifie que je me comporte comme je le fais ? L'enjeu est de garder une vigilance quant à ses propres auto-justifications.

> *« Je me suis mis en colère lors d'une réunion et j'ai vivement tancé un collaborateur. Au fond, je ne suis pas fier de moi, car je me suis laissé déborder. Qu'est-ce que j'ai pensé au moment où mon collaborateur a dit qu'il n'avait pas terminé le travail que j'attendais ? Probablement : il se fout de moi ! C'est ce qui a provoqué mon agressivité… »*

2/ Dans quelle mesure ces représentations sont-elles conformes à ma réalité actuelle ?

Si je pense ce que je pense c'est que j'ai de bonnes raisons de le penser. Partons de ce postulat simple. Mais, dans quelle mesure ces bonnes raisons qui pouvaient être justifiées au moment où je me suis forgé la représentation, ne sont peut-être plus aussi pertinentes ou d'actualité au vu de la réalité dans laquelle je suis aujourd'hui ?

« ...Est-ce qu'il se foutait de moi réellement ? Non, certainement pas. Il s'est juste laissé submerger par la quantité de travail qu'il avait sans arriver à hiérarchiser et donc se centrer sur l'essentiel. Je n'ai aucun élément qui me permette de dire qu'il a fait les choses pour me contrarier personnellement... »

3/ Quelles sont les émotions que je cherche à induire ou à éviter par ce comportement ?

Il y a de nombreuses justifications au comportement que l'on adopte. Mais au-delà des justifications, il est utile de se poser des questions sur le plan émotionnel.

Car les émotions sont là, en embuscade. Et elles régissent souvent nos comportements à notre insu. Lorsque l'émotion a été identifiée, il faut revalider la pertinence des représentations. Puis, on peut atténuer l'intensité de l'émotion en examinant les conséquences réelles de ce qui la déclencherait. Insistons sur l'importance de cette étape. Car sur elle repose une technique centrale : la gestion des émotions. La capacité à identifier ses émotions et à les réguler est l'un des savoir-faire indispensables au comportement de changement.

« …À quoi m'a servi ma colère ? À éviter de m'interroger sur ma propre responsabilité, sur le fait que le travail n'ait pas été réalisé. En somme, à ne pas me sentir coupable. Si le collaborateur n'arrive pas à faire son travail, quelle est ma responsabilité de manager, comment dois-je comprendre le problème et agir dessus ? Il est plus confortable de considérer que tout est de la faute du collaborateur et de lui mettre la pression plutôt que de me questionner . Voilà probablement ce que ma colère m'a permis d'éviter. La représentation qui est derrière ce mécanisme est peut-être : je ne dois jamais me tromper, je ne dois pas montrer que je peux faire des erreurs, surtout à mes collaborateurs car ils vont penser que je suis nul. Jusqu'où est-ce vrai ? Comment auraient réagi mes collaborateurs si j'avais posé les choses en termes d'organisation du travail ou de la relation que j'entretiens avec eux ? »

4/ Quels seraient les bénéfices possibles en cas d'évolution de ce comportement ?

Comme toujours dans le domaine professionnel, la seule référence est l'efficacité. Quelle que soient le secteur et le poste que l'on occupe, ce que l'on demande à un salarié c'est d'améliorer son efficacité. C'est donc par rapport à cette seule référence que la réflexion doit se faire. L'une des difficultés réside en ce qu'il existe plusieurs conceptions de l'efficacité. C'est pourquoi il est indispensable de partager cette conception avec son entourage professionnel pour éviter les malentendus.

> *« Le risque de la colère est de provoquer de la peur chez le collaborateur qui ensuite pourrait cacher ce qu'il fait (ou ne fait pas) à son manager. L'avantage, c'est que cela peut le secouer. La question sur le plan de l'efficacité managériale est de savoir si on peut mettre la pression à son collaborateur sans pour autant prendre le risque de dégrader la relation avec lui. C'est la première étape. Chaque manager y trouvera ses propres réponses. Puis le manager doit s'interroger sur son comportement de prestance vis-à-vis de ses collaborateurs qui consiste à ne pas se remettre en cause lors des difficultés. Là encore, la question est : "Dans quelle mesure est-ce efficace ?" Notamment par rapport au rôle d'exemplarité du manager, mais aussi dans la relation qu'il crée avec ses collaborateurs. Que peut-il se passer si les collaborateurs se disent : "Il nous fait porter la responsabilité de ses erreurs" ? »*

5/ Quelles sont les compétences qui éventuellement me manquent pour faire évoluer ce comportement ?

Pour mettre en œuvre le comportement, il faut souvent des compétences. **Je peux vouloir faire mais ne pas savoir faire.** Attention à ne pas s'imaginer qu'il suffit de vouloir pour pouvoir. Le piège de la « toute-puissance » est souvent l'un des principaux freins au changement.

Ne pas arriver à changer et se dire progressivement qu'il n'était pas si utile de changer car dans le fond, « on se débrouille très bien comme ça ... ». Cette rationalisation qui suit un échec au changement est très fréquente. Elle est redoutable car elle enferme le sujet dans une logique qu'il se construit (une représentation) et qui l'amène ensuite à repousser tout changement le concernant. Bref, il devient vieux. À l'origine de cette attitude, il y a souvent cette étape des compétences qui a été brûlée.

> *« ...Pouvoir ne pas se mettre en colère suppose un travail de compréhension et de gestion de ses émotions. Pour commencer, il faut identifier les représentations qui provoquent de la colère. Puis ces représentations doivent pouvoir être canalisées au moment où elles sont déclenchées par un événement. Enfin, il existe une autre compétence qui consiste à savoir parler de son émotion, à pouvoir dire : "Je suis surpris", "Je ne suis pas convaincu", "Je ne peux pas accepter que...", etc. En ce qui concerne sa propre remise en cause devant les collaborateurs, la compétence est principalement relationnelle. Il s'agit de développer des relations qui permettent de se parler sans craindre l'autre. »*

Les pièges qui font résister au changement

Le succès

Plus on réussit, moins on ressent la nécessité de changer. C'est tellement vrai que la plupart des grands groupes prennent conscience que leurs dirigeants cessent de se développer. Pourquoi en auraient-ils besoin alors qu'ils sont arrivés plus rapidement que les autres en haut de l'échelle de la hiérarchie ? Le succès qui est le leur les conforte dans la conviction qu'ils sont bien comme ils sont. À un certain niveau, ils n'hésitent pas à le dire à leur entourage professionnel, considérant qu'ils n'ont plus aucun effort d'adaptation à faire et que c'est aux autres de changer pour s'ajuster à ce qu'ils sont. *« Je suis comme je suis, il faudra vous y faire »* a annoncé à l'ensemble des cadres dirigeants le nouveau président d'un grand groupe lors de sa première intervention. Au-delà de la mentalité, qui montre que le dirigeant ne conçoit pas son rôle comme étant au service de l'entreprise, le risque principal est dans l'auto-reproduction. Celui qui fonctionne de cette manière exprime de façon implicite que ses comportements n'ont pas à s'adapter puisqu'ils sont bons en eux-mêmes. C'est souvent vrai dans la plupart des situations qu'il a rencontrées jusqu'à présent. Mais, s'il se trouve dans une situation inédite ou pire, semblable seulement en apparence à ce qu'il a déjà connu, il pourrait ne pas savoir y faire face. Mais surtout, il risquerait de ne pas s'en apercevoir car il n'a pas le comportement d'auto-vigilance dont nous parlions plus haut. Cette attitude est dysfonctionnelle de façon flagrante chez certains fondateurs d'entreprises qui ne savent pas passer la main, quel que soit leur âge. Ils s'accrochent à leur poste en imposant que l'on applique les recettes qui ont fait le succès de l'entreprise autrefois mais qui ne sont plus adaptées aujourd'hui. Ce vieillissement, caractérisé par une rigidité sur le passé plutôt qu'une adaptabilité au présent, ils le transmettent à l'ensemble de l'entreprise.

Le temps de contre-performance

Lorsqu'on adopte un comportement, l'habitude de le mettre en œuvre régulièrement nous rend performant. On le maîtrise bien, ce qui permet de le reproduire et de l'utiliser dans des circonstances variées. Dès qu'il s'agit de le changer, les choses se compliquent. Car, le temps de l'apprentissage, on sera en situation de contre-performance. Ainsi, un manager qui a pris l'habitude d'être autoritaire avec ses collaborateurs, sait comment réguler son autorité pour obtenir ce qu'il souhaite. S'il essaie de modifier son style de management pour ne plus dire à ses collaborateurs ce qu'ils ont à faire mais leur faire trouver par eux-mêmes, dans un premier temps il s'expose au risque que ça ne marche pas. Il sera maladroit, les collaborateurs ne comprendront pas ce qu'il veut, ça lui prendra beaucoup plus de temps. Bref, il peut vite se décourager pour revenir « aux bonnes vieilles méthodes qui ont fait leurs preuves ».

Cette contre-performance est évidemment un frein important au changement. Car il faut admettre que l'on doit changer, c'est-à-dire qu'il faut s'améliorer mais aussi que pendant une période on sera encore moins bon qu'actuellement. Tout cela pour un résultat relativement incertain. C'est pourquoi il est essentiel de transmettre tôt le comportement d'évolution. C'est en le pratiquant régulièrement que l'on peut construire sa propre confiance en soi pour mener des changements.

La prestance

Dans le jeu relationnel de l'entreprise où la rivalité est très présente, chacun essaie de montrer qu'il est « bon », voire « meilleur que les autres ». Cela ne favorise évidemment pas la remise en cause de ce que l'on fait et encore moins de ses comportements. Ce mode de fonctionnement, basé sur l'illusion que l'on pourrait être parfait et n'avoir rien à remettre en cause, est piégeant car à force de vouloir montrer sa performance aux autres on peut finir par s'en convaincre soi-même et renoncer à chercher à changer. Souvent, comme nous le signalions plus haut, l'exemple vient du sommet de la hiérarchie. Chacun à son niveau se construit un discours et une attitude qui laissent entendre que ce qu'il fait est parfait. Beaucoup des échanges tournent ensuite autour de ce thème : comment montrer aux autres que l'on est parfait alors qu'eux doivent s'améliorer (en général pour faire comme on fait soi). La conséquence en est que les relations se structurent sur une rivalité (que certains appellent émulation) dont l'objet principal est de montrer aux autres combien on est plus parfait qu'eux.

L'une des représentations qui régissent ces attitudes est : « Ce que je fais ne doit pas être critiquable. » C'est une représentation transmise par l'école autour de la recherche de perfection. Elle paraît souvent très positive à la plupart car celui qui est en quête de perfection a un « moteur » qui le conduit à l'excellence. Mais il y a confusion entre la recherche du « mieux possible » et le mythe de la perfection. Pour continuer à tendre vers le « mieux possible », il est indispensable de ne pas être dans l'illusion de la perfection, qui ne permet pas de progresser (car étant un état abouti). Les représentations qui peuvent aider à sortir de cette prestance sont : « Le regard des autres m'est indispensable pour continuer à progresser » et « L'enjeu principal n'est pas d'être parfait à un moment donné mais d'être dans une dynamique de progression ».

Les étapes du changement

Définir un objectif

La plupart du temps, on ne peut pas le faire seul. L'entourage donne un feed-back puis sert de miroir ; il challenge, questionne ce que l'on pense être utile. L'objectif qui émerge doit être défini en termes de critères d'atteinte.

L'identification des compétences nécessaires pour l'apprentissage d'un comportement

Quelles sont les techniques indispensables pour le comportement cible ? Par exemple, pour adopter un comportement d'écoute, il faut apprendre, notamment, les techniques de questionnement, de reformulation et de cadrage.

Se fixer un calendrier et demander à un proche d'observer la mise en place des critères d'atteinte

Les objectifs doivent être chiffrés dans le temps et vérifiables par un tiers. Ces deux conditions permettent de se « mettre la pression » pour atteindre son objectif. Le calendrier comprend la date à laquelle on souhaite avoir atteint l'objectif mais aussi le rythme auquel on souhaite mettre en place les étapes intermédiaires.

Établir les étapes intermédiaires

Il ne s'agit pas de chercher d'emblée à adopter le comportement cible : on risquerait de se mettre en échec. Le changement comportemental doit se faire par petites étapes. Sinon, le risque est de se trouver confronté à une difficulté trop grande et de renoncer.

Assurer un suivi dans le temps

Entre le début de la mise en place du changement et le moment où l'on évaluera les résultats, il est utile de faire des petites séances de travail au cours desquelles on passe d'une étape intermédiaire à une autre en évaluant les succès et les difficultés.

Évoluer en pratique

Représentations qui vont à l'encontre du changement

- Je suis comme je suis, on ne me changera pas.
- Le changement pour le changement ne sert à rien, c'est même très dangereux.
- Si ce que j'ai fait m'a réussi, je ne vois pas pourquoi je changerais.
- On ne change pas quelque chose qui marche.
- Si je dois changer, ça veut dire que je ne suis pas bon.

Émotions qui vont à l'encontre du changement

- La peur de l'inconnu.
- La peur de perdre le contrôle.
- La peur de ne pas y arriver.
- La tristesse liée au renoncement et à la perte.
- La tristesse de perdre des habitudes, ses pratiques, son environnement de travail, …

Représentations qui favorisent le changement

- Les comportements peuvent toujours s'améliorer.
- Si vous ne cherchez pas à améliorer vos comportements, c'est que vous renoncez à progresser.
- Si vous renoncez à progresser, c'est que vous devenez vieux.

- L'environnement change. Si vous ne vous adaptez pas, c'est que vous acceptez d'être moins performant.
- Il est essentiel de rester dans une dynamique de progrès, etc.

Émotions qui favorisent le changement

- Le plaisir de progresser.
- La stimulation et l'excitation de la découverte.
- L'ennui de la répétition.
- La fierté de se développer.
- L'envie de faire mieux.

Manières de faire

- Recherchez le feed-back de la part de votre entourage, favorisez les critiques et les remises en cause.
- Ne cherchez pas à vous justifier mais à discerner ce qu'il pourrait être utile de changer.
- Observez les autres pour vous en inspirer.
- Prenez du temps avec quelques proches pour vous interroger sur ce qu'il serait pertinent de changer.
- Appliquez les cinq questions clés à tout comportement mis en cause par son environnement.
- Donnez-vous des objectifs modestes mais à un rythme régulier.
- Annoncez vos objectifs de changement à votre entourage.

Observer

L'un des enjeux de la vie professionnelle est de comprendre. D'abord, se comprendre soi-même (nous avons vu combien il est important de se comprendre pour changer). Nous verrons à quel point il est utile de comprendre ses propres filtres pour qu'ils ne nous piègent pas dans notre appréhension du monde.

Ensuite, comprendre le monde environnant. Enfin et surtout, comprendre les individus qui nous entourent et leurs jeux relationnels. C'est aussi important pour le recrutement que pour actionner les bons ressorts de la motivation ou encore pour créer un esprit d'équipe dans un groupe. Le manager, et plus encore le dirigeant, est sollicité en permanence pour apprécier, voire juger, les salariés. Comprendre suppose de développer un comportement spécifique : observer. C'est l'un des comportements qui fait le plus défaut aux managers. Formés, on pourrait presque dire programmés pour agir, ils ne prennent pas le temps de l'observation qui leur apparaît souvent comme un frein à l'action, ce qu'ils ont du mal à supporter. D'ailleurs, le manager connaît ses lacunes dans ce domaine. C'est l'une des raisons du luxe de prestataires et de précautions qu'il prend pour recruter. Les managers sous-traitent et diluent la responsabilité, faute de se sentir suffisamment sûrs d'eux.

Nous insisterons dans ce chapitre sur les pôles de l'observation qui relèvent directement de notre compétence : soi-même et les autres. Non pas que nous pensions que l'observation de l'environnement soit moins importante, mais la littérature managériale regorge de bons ouvrages sur le sujet.

Qu'est-ce qu'observer ?

Identifier ses émotions pour ne pas se laisser piéger.

Le premier piège qui nous empêche d'observer, ce sont nos propres émotions. Les attitudes et les réactions des uns et des autres nous provoquent des émotions. Elles brouillent notre regard qui perd de sa capacité d'analyse pour devenir plus subjectif, certains diraient intuitif. Nous sommes d'emblée séduit par le candidat que nous recevons et nous avons le sentiment que se crée entre nous une complicité dans laquelle nous prenons un certain plaisir. Et, pris par la magie du moment, nous cessons d'observer pour simplement en profiter. Lorsqu'il s'agira de donner une appréciation, elle sera globalement positive sans que nous puissions dire exactement pourquoi. Hors, le candidat n'était pas recruté pour être notre complice : nous avons donc failli dans notre observation. C'est notre ressenti qui a été déterminant dans l'opinion formulée et pas ce que nous avons constaté du comportement de notre interlocuteur.

La seule manière de tirer profit de ses émotions pour observer, et de ne pas les laisser être déterminantes sur notre opinion à notre insu, est de commencer par les identifier. Si, alors que je recrute, je m'aperçois que j'éprouve du plaisir, je peux à la fois en tenir compte et en même temps m'en distancier. Le fait que j'éprouve une émotion devient une information parmi beaucoup d'autres. C'est l'un des points positifs de ce candidat de me provoquer une émotion plaisante dans la relation que j'ai avec lui. Il sera noté, mais il ne peut être déterminant. En l'identifiant, je peux faire en sorte qu'il ne domine pas le reste de l'entretien, je peux me recentrer sur mes objectifs. L'émotion n'est plus le prisme dominant qui colore l'entretien d'une impression à l'insu de celui qui la ressent. Cette identification suppose d'y être attentif. Car l'émotion est facétieuse, elle nous surprend au moment où on s'y attend le moins. Pour ne pas relâcher sa vigilance, il est utile de prendre l'habitude de noter ses émotions. Une fois noté, cela permet de s'interroger sur ce qui dans l'attitude de l'autre l'a suscitée chez nous. On peut ensuite revenir à un niveau plus descriptif, c'est-à-dire reprendre son observation.

Décrire avant d'interpréter

Pour observer, il faut décrire. Cela peut paraître une évidence et pourtant ce n'est pas si pratiqué, loin de là. Lorsque vous interrogez un manager sur un collaborateur, il le qualifie très facilement : untel est fiable, un autre est dynamique, un troisième est brouillon. Puis lorsque vous leur demandez ce qui les conduit à exprimer ces qualificatifs, soudain leurs idées sont floues, approximatives, ou reposent sur une expérience vécue, une seule. Bien souvent, ils ont du mal à être descriptifs pour argumenter leur discours. Or, comme nous l'avons vu, un comportement se déduit, il ne s'observe pas. Ce sont les manières de faire qui se voient.

Pour qu'elles révèlent un comportement, il faut les réunir dans un faisceau qui présente une cohérence interne. Il y a donc bien trois étapes qu'il est indispensable de garder distinctes les unes des autres. La première est le recueil d'informations ; elle consiste à observer avec une grille de lecture (nous y reviendrons plus bas) et éventuellement noter. La deuxième nécessite de prendre du temps pour analyser ces informations et formuler des hypothèses. Si mon collaborateur ne donne jamais son avis aux réunions de service, compte tenu du fait qu'il ne veut jamais faire de présentations aux autres services et qu'il a tendance à s'isoler, c'est peut-être qu'il est timide ou qu'il est individualiste. Ces deux hypothèses pourront être testées par une nouvelle phase d'observation. Cette validation des hypothèses est la troisième étape de l'observation. Outre le regard sur l'autre, elle passe par un questionnement du sujet pour chercher à comprendre ses représentations.

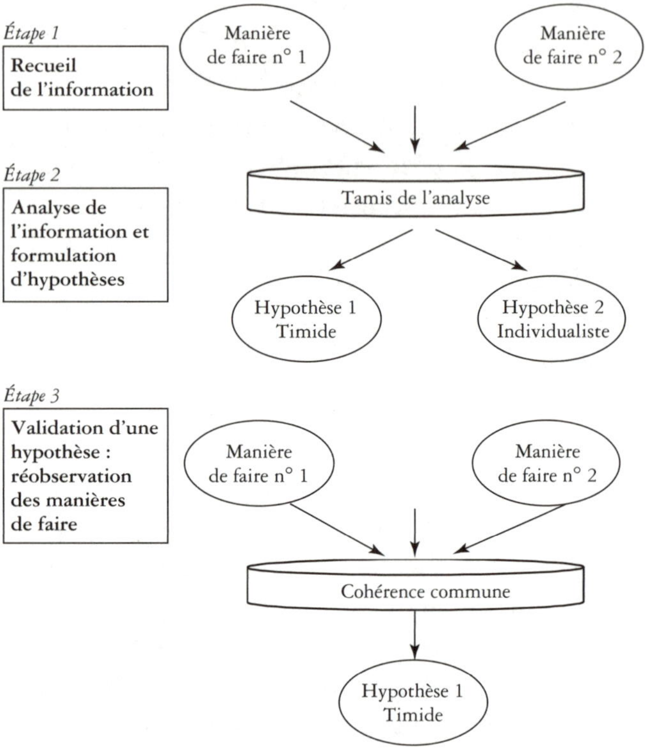
Étape 1
Recueil de l'information
Manière de faire n° 1
Manière de faire n° 2
Étape 2
Analyse de l'information et formulation d'hypothèses
Tamis de l'analyse
Hypothèse 1 Timide
Hypothèse 2 Individualiste
Étape 3
Validation d'une hypothèse : réobservation des manières de faire
Manière de faire n° 1
Manière de faire n° 2
Cohérence commune
Hypothèse 1 Timide

Observer les individus à trois niveaux

Dans l'entreprise, l'observation doit se pratiquer à trois niveaux.

Le premier est celui des comportements des individus ou plutôt de leurs manières de faire. Tous ceux qui nous entourent doivent être observés pour être compris, et ainsi pouvoir identifier leur « mode de fonctionnement », voire anticiper leurs réactions.

Le deuxième type d'observation concerne les relations interpersonnelles. Comment se jouent les interactions entre les individus et les groupes ? Comprendre la dynamique collective sert à résoudre, voire désamorcer, les conflits et créer un esprit d'équipe.

Enfin, l'observation doit porter sur les jeux politiques qui se tissent au sein de l'entreprise. Comment se jouent les ambitions personnelles, les jeux d'alliance, comment sont prises les décisions en fonction de critères parfois éloignés du business ? L'observation des jeux politiques permet souvent de répondre à ces questions.

Compétences pour l'observation : disposer de grilles de lecture

On peut observer pendant des heures et ne rien voir. Plus encore : pour voir, il faut chercher. Un spécialiste du comportement qui fait de l'*assessment* sait ce qu'il cherche. Il guette des gestes, des attitudes, des manières de faire qui sont autant de signes. Il dispose d'une sémiologie comportementale qui lui permet de porter un diagnostic. Il en est de même pour le manager qui doit acquérir des grilles de lectures spécifiques pour les observations qu'il doit pratiquer. Il existe de très nombreuses grilles de lecture. Chacun argumente en faveur de la sienne et montre à quel point elle est supérieure aux autres. Les transmettre aux managers constitue un business pour de nombreux consultants. Notre choix porte sur des grilles directement empruntées à la psychologie par opposition aux grilles simplificatrices destinées à l'entreprise et qui souvent manquent de rigueur. Nous développerons les deux que nous utiliserons le plus souvent dans les pages suivantes. Elles ne sont en rien exhaustives.

La grille cognitivo-comportementale

Elle montre les interactions entre les comportements, les émotions et les représentations. Elle spécifie bien la différence entre les manières de faire et les comportements. Elle permet de différencier les étapes de l'observation, de la déduction puis de la validation en interrogeant les représentations du sujet et ses émotions. L'observation concerne les manières de faire, il faut les réunir en faisceaux pour en déduire un comportement.

« Je constate que Bertrand, l'un de mes collaborateurs, arrive systématiquement en retard aux réunions et qu'il n'y participe pas. De plus, il a tendance à se placer en rivalité avec ses collaborateurs ; il dit facilement du mal d'eux et cherche à prendre le dessus dans leurs relations. En outre, Bertrand fait souvent des erreurs d'inattention. Enfin, ses collaborateurs se plaignent qu'il ne diffuse pas les informations dont ils ont besoin. »

Ensuite, on peut passer à la déduction. On fait une hypothèse sur un comportement qui réunit l'ensemble des manières de faire dans une même logique de fonctionnement.

« Dans le cas de Bertrand, toutes les manières de faire ont une cohérence commune sauf une. Je peux faire une première hypothèse : il n'a pas de comportement d'équipe. Autrement dit, il joue en solo, il ne pratique pas le jeu collectif. Cependant, les erreurs d'inattention ne semblent avoir de logique commune avec les autres manières de faire. Cela doit nous mettre sur la piste d'un autre comportement et donc rechercher d'autres manières de faire cohérentes avec les erreurs d'inattention. »

Enfin, cette grille nous invite à remonter aux représentations du sujet qui nourrissent sa logique de fonctionnement et colorent ses émotions.

« J'ai remarqué que tu ne participais pas beaucoup aux réunions.
– Non, c'est vrai, ça ne m'intéresse pas.
– Ah bon, pourquoi ?
– Parce que ça ne sert à rien. Chacun raconte ses petites histoires et pendant ce temps on ne travaille pas.
– Tu penses que c'est inutile de s'informer mutuellement sur ce que font les uns et les autres ?
– Oui, il vaudrait mieux passer plus de temps à travailler sur ses propres sujets pour faire un meilleur travail. »

La représentation de Bertrand émerge très vite en quelques échanges. En approfondissant encore les questions, on pourrait le conduire à s'interroger sur sa représentation de l'utilité du travail en équipe. On serait déjà dans la remise en cause des représentations pour les ajuster à la réalité de la situation actuelle. Cela constituerait la première étape d'une évolution de comportement et le manager passerait de l'observation à l'accompagnement. Cet accompagnement qui aide à la mise en œuvre d'un changement comportemental. Les manières de faire, qui sont la cible classique du changement dans l'entreprise (parce que c'est ce qui se voit), ne peuvent changer que si l'ensemble du triangle « représentations / émotions / comportement » évolue. Sans cela, le changement n'est pas durable.

La grille systémique

Issue de l'École de Palo Alto, cette grille nous donne les clés du jeu relationnel. La psychologie de l'individu est délaissée au profit de ses interactions avec les autres. Nous n'allons pas dans cet ouvrage reprendre l'ensemble des apports des théories systémiques mais plutôt illustrer par certains d'entre eux comment ils servent à observer ce qui se joue entre les acteurs.

La relation et le contenu

En montrant que dans tout échange, il y a un contenu et une relation et que cette dernière est le vecteur qui permet au contenu de circuler, l'approche systémique nous permet de comprendre que bien souvent les sujets traités ne sont que des prétextes pour régler des différends relationnels.

« Lors d'une mission, nous avions constaté l'opposition et la lutte de territoire entre la direction de la communication et le secrétariat général. L'un des conflits portait sur le choix d'un logiciel de transmission des courriers électroniques. Chacune des directions avait financé une mission d'audit pour démontrer que le logiciel qu'elle préconisait était meilleur que celui des autres. En réalité, les deux logiciels

offraient des caractéristiques assez proches et leurs différences n'étaient certainement pas stratégiques au point de mobiliser tant d'énergie. En fait, le contenu ne servait qu'à alimenter leur relation conflictuelle. »

La relation étant le tuyau par lequel passe le contenu, il faut dénouer les nœuds qui s'y trouvent avant de chercher à faire passer quelque chose à l'intérieur.

Les deux modes de communication

La communication interpersonnelle utilise deux canaux : le verbal (digital) et le non-verbal (analogique). Tout notre système éducatif nous programme et nous entraîne à nous centrer sur le verbal. La question est : « Qu'est-ce qu'il faut dire ? » Et de préférence le travailler par écrit. En revanche, on nous apprend très peu le « Comment il faut le dire ? » Or, le non-verbal est le mode de communication qui exprime les émotions et qui produit de l'émotion chez l'autre. Le jour où vous avez fait une déclaration d'amour, si vous vouliez qu'elle porte, il fallait y mettre le ton. Un « Je t'aime » lancé sur un ton désinvolte peut avoir plus d'effets négatifs que positifs. Le ton est donc plus important que le contenu du message, et au-delà du ton toute la gestuelle, la mimique, le regard, etc. La communication non-verbale est celle qui impacte ses interlocuteurs à travers leurs réactions émotionnelles. Les spécialistes de la communication et surtout de la télévision, la privilégient toujours.

En tant que récepteur de la communication, il faut apprendre à la décrire pour ne pas se laisser manipuler par l'autre sur ce plan (par exemple lors d'un entretien de recrutement). En tant qu'émetteur, il faut savoir aussi qu'elle est toujours ressentie et interprétée par ses interlocuteurs et qu'elle est source de malentendus. Certains dirigeants, lorsqu'ils arrivent le matin au bureau, sont observés par leurs collaborateurs pour savoir « comment il est ce matin ». Puis l'information circule, qui dit aux uns et aux autres s'ils peuvent aller lui parler ou s'il vaut mieux attendre le lendemain. Sur quoi cette perception se fait-elle ? Sur le rythme du pas, le ton de la voix, la façon d'ouvrir ou de fermer les portes, la mimique du visage, etc. Tout cela est interprété pour décoder l'humeur du dirigeant. Et tout cela peut être trompeur.

Les deux positionnements

Pour les systémiciens, il n'existe que deux positionnements dans la relation. On est soit en symétrie, position basée sur l'égalité des protagonistes, soit en complémentarité, position basée sur l'inégalité des protagonistes, l'un étant en position haute, l'autre en position basse. En lisant ces lignes, à supposer que vous y appreniez quelque chose, vous vous placez en position basse par rapport à l'auteur. Et puis l'un d'entre vous peut considérer que ce que j'écris est inexact et m'envoyer un mail pour m'expliquer pourquoi je me trompe ; il prendra alors une position haute par rapport à moi, ou plutôt il tentera de la prendre. Car je peux la lui laisser, lui dire qu'il a raison, ou la lui contester et alimenter le débat ; nous serons alors en symétrie.

L'intérêt du positionnement relationnel, outre qu'il donne des points de repères, c'est de comprendre que chacun des positionnements comporte des risques en soi. Le positionnement symétrique porte en lui le germe de la rivalité et du conflit. Le positionnement complémentaire porte le risque de l'absence de communication ; celui qui est en bas systématiquement, cesse de communiquer avec celui qui est en haut.

La qualité de la relation passe par une souplesse et une alternance dans les positionnements. La résolution des tensions relationnelles passe souvent par un changement de position des protagonistes. La qualité d'une négociation passe par la capacité à varier les positionnements.

Nos n'irons pas plus loin dans la description de la grille systémique. Notre objectif ici est simplement de montrer que l'observation suppose de disposer de grilles de lecture.

Les pièges qui nous font manquer le comportement d'observation

L'intuition

Qu'est-ce que l'intuition ? Souvent, ceux qui en parlent ont du mal à la décrire mais nous disent qu'elle leur permet très rapidement de comprendre une situation, de percevoir une solution, de pénétrer les intentions d'un interlocuteur, etc. Bref, si on ne peut pas la décrire, en revanche, elle est considérée comme une sorte d'accélérateur de l'intelligence qui nous met d'emblée dans le vrai. Il n'est pas contestable que l'expérience aide à comprendre et permet de faire des raccourcis. Pour autant, il nous paraît important de noter que l'intuition peut avoir trois inconvénients majeurs.

Le premier est qu'elle nous dispense justement du comportement d'observation. Le mécanisme de l'intuition est de se fier au ressenti sans avoir à s'interroger sur le pourquoi du ressenti. Or, nous venons de le voir, ne pas observer c'est augmenter considérablement le risque de se tromper car on applique des représentations toutes faites sans s'interroger sur la spécificité de la situation et sa nouveauté.

Le deuxième est que l'intuition repose sur une accumulation d'expériences passées. Elle nous pousse donc à reproduire et risque de nous faire passer à côté de la spécificité de la nouveauté du contexte dans lequel on se trouve.

Enfin, l'intuition repose principalement sur le système émotionnel de celui qui la ressent. Comme toujours, notre émotion peut nous tromper à notre insu. Elle est notamment dépendante de nos humeurs. Si nous ne nous sentons pas très en forme, cela influencera la perception que nous avons de notre environnement et notre intuition en sera modifiée. En résumé, l'intuition peut être très utile car elle nous fait utiliser notre expérience et nos émotions mais elle ne doit pas nous dispenser de l'observation qui doit nous conduire à la remettre en cause.

Le manque de temps

« Avec tout ce que j'ai à faire, vous ne voudriez pas, en plus, que je passe mon temps à observer ce qui se passe autour de moi ! » Les managers sont tellement formés, on pourrait dire programmés pour agir que tout ce qui les met en situation de réflexion les perturbe, voire les angoisse. Ils ne contestent pas que comprendre permet de gagner beaucoup de temps. Mais souvent, l'impatience est la plus forte. En zappant d'une action à l'autre, en s'étourdissant d'interventions de toutes sortes, ils ont l'impression d'être efficaces et utiles. Ils peuvent dire ce qu'ils ont fait à leurs propres responsables et montrer à quel point ils ont été utiles pour permettre aux process d'avancer. En fait, derrière cette difficulté à prendre le temps de l'observation, on trouve la conception même du rôle managérial. D'un côté ceux qui considèrent que les managers sont là pour produire eux-mêmes, de l'autre ceux pour qui les managers sont avant tout des maîtres d'œuvre qui trouvent leur valeur ajoutée à faire faire aux autres. C'est toute la difficulté pour le manager (lui-même ancien expert) à renoncer à son expertise pour devenir chef d'orchestre (voir *Le manager est un psy*). S'il assume ce rôle, il s'apercevra vite que pour obtenir le meilleur de ses équipes, il est indispensable de les comprendre, et donc de les observer…

Observer en pratique

Représentations qui vont à l'encontre de l'observation

- Je sais que je peux me fier à mon instinct.
- Ça ne sert à rien d'essayer de comprendre les gens, il suffit de leur dire ce qu'ils ont à faire.
- Si on commence à essayer de comprendre les autres, on ne fera plus que ça.
- J'ai déjà assez à faire sans chercher à comprendre les autres.
- La seule chose qui motive les gens, c'est l'argent. Ce n'est pas la peine d'aller chercher plus loin.
- Ce qui compte, ce sont les compétences techniques.
- Lorsqu'il y a des conflits, il suffit de dire à tous de s'arrêter.

Émotions qui vont à l'encontre de l'observation

- L'impatience.
- Le besoin d'action.
- Le besoin de reconnaissance personnelle.
- L'indifférence pour les autres.
- La prétention de tout savoir, …

Représentations qui favorisent l'observation

- Chaque situation a sa spécificité.
- Il faut comprendre avant d'agir.

- On ne perd jamais son temps à comprendre les situations et les gens.
- Les individus sont tous différents.
- Même les gens que je connais me surprennent.
- Je dois me méfier de mes premières impressions, elles sont parfois trompeuses.
- Plus je me fie à mes intuitions, plus je risque d'être manipulé ou de me faire piéger.

Émotions qui favorisent l'observation

- La satisfaction de comprendre.
- Le sentiment de mieux contrôler en observant.
- Le plaisir ludique de la séquence « description / hypothèse / validation » de ses hypothèses.
- La perception d'être plus intelligent en entraînant son regard.

Manières de faire

- Décrivez avant d'interpréter.
- Faites des hypothèses sur les comportements.
- Interrogez-vous sur vos propres ressentis.
- Ménagez-vous des temps de non-activité.
- Prenez du recul pendant les réunions.
- Questionnez vos interlocuteurs sur leurs représentations.
- Différenciez les modes de communication de vos interlocuteurs.
- Interrogez-vous sur les intentions et les émotions de votre entourage.

Hiérarchiser

Le contexte du monde économique est chaotique. De plus en plus d'événements arrivent à un rythme accéléré et viennent perturber les différentes actions ou projets en cours. Comme pour complexifier les choses, plus personne n'a qu'une action à mener. Pris dans des organisations complexes, matricielles, chaque collaborateur répond à différents interlocuteurs ayant chacun leurs propres contraintes et objectifs qui font pression de tout leur poids pour obtenir de lui une action spécifique.

Enfin, la stratégie de l'entreprise change, avec parfois des revirements à 180° pour s'adapter vite au contexte. De quoi perdre la boule pour la plupart des collaborateurs et plus encore pour les managers dont l'un des rôles est de donner du sens ! Hiérarchiser, c'est la capacité qui consiste à saisir les principaux enjeux d'un contexte et à effectuer les choix qui en découlent. **Il s'agit donc d'abord de la fonction managériale très valorisante qui est de décider.**

Hiérarchiser au quotidien

Savoir renoncer

Hiérarchiser, c'est choisir. Tout le monde voit d'emblée le bon côté de la chose consistant à prendre une option sur l'un des pôles de l'alternative en oubliant que le vrai sujet difficile est de renoncer à l'autre branche de l'alternative. C'est-à-dire décider de ce qu'on ne fait pas. La plupart du temps, les managers ont du mal à renoncer explicitement. Les renoncements se font par défaut. Parfois même, ils n'y ont pas réfléchi de façon délibérée. Pour le choix de ses priorités par exemple, pris dans les urgences et les demandes de la vie quotidienne, on répond aux plus sollicitantes, les autres ne se font pas sans que l'on ait décidé de ne pas les faire. Dans le meilleur des cas, on constate *a posteriori* qu'un projet n'a pas été mené à son terme. Mais souvent, on les oublie tout simplement. Ce renoncement par défaut évite aux managers d'annoncer clairement les actions abandonnées ou différées. Et donc, aussi, de se tromper ouvertement. Aucune option n'est écartée, elle est reportée à plus tard. Ainsi, tout le monde se berce dans l'illusion que l'on peut tout faire.

Le premier renoncement esquivé très souvent par le manager est celui de son expertise initiale. Alors qu'il est passé du statut d'expert à celui de manager, c'est-à-dire de celui qui fait à celui qui fait faire, il continue en fait de se comporter comme s'il gardait le même niveau de compétence technique. Il est dans l'illusion qu'il peut tout faire ou du moins il aime à se dire qu'il en est capable. Savoir renoncer est au cœur du comportement de hiérarchisation.

L'intelligence situationnelle

La capacité de hiérarchiser peut être considérée comme l'expression d'une intelligence situationnelle, c'est-à-dire d'une ouverture à ce qui se présente, permettant de discerner l'urgent et l'important. C'est la situation du capitaine du navire qui doit arbitrer entre le vent, la houle, le courant, les récifs, les exigences de l'armateur et celles des passagers pour arriver à bon port. Il s'agit d'abord d'être clair sur ses objectifs essentiels (ce qui relève de la stratégie), et de les garder en tête en permanence. La tactique consiste ensuite à ajuster les actions dans le court terme en gardant de vue son cap.

Être garant du sens

Les critères de hiérarchisation et donc de choix ne peuvent pas seulement reposer sur l'adaptation à la situation. Ils doivent répondre à un sens général, une stratégie. C'est la colonne vertébrale de l'action collective qui maintient une direction globale. Cela suppose un grand souci de cohérence. Et, pour être compris de tous, cela signifie un gros effort de pédagogie. Cette problématique du sens est notamment celle de l'arbitrage entre un sens de l'opportunisme qui permet de saisir les occasions et un sens de la continuité d'une stratégie. Les exemples ne manquent pas de dirigeants purement opportunistes. Les collaborateurs ne comprennent plus rien. Et le discours est construit *a posteriori* pour les analystes. À l'inverse, on peut voir certains groupes – enfermés dans une stratégie qui devient une référence immuable – perdre leur capacité d'adaptation.

Au niveau de chaque manager, être garant du sens c'est ne pas se laisser piéger par l'urgent aux dépens de l'important. C'est-à-dire refuser l'action pour l'action et s'inscrire dans une finalité globale claire pour tous.

Les enjeux émotionnels

Pour ce comportement aussi, l'un des enjeux est dans l'identification et la gestion des émotions. En effet, comme l'a très bien montré Kahnman, le prix Nobel d'économie 2001, l'émotion est au cœur de la décision. Ce qui nous fait choisir une option plutôt qu'une autre est la relation émotionnelle que nous avons au risque. C'est particulièrement parlant sur la manière dont chacun gère son argent. Celui qui aime le risque trouve toujours de bonnes raisons pour jouer en Bourse sur des produits à fort potentiel mais qui mettent son patrimoine en danger. Ainsi, on a vu de nombreux foyers s'endetter pour jouer en Bourse au moment de la bulle internet ; non seulement ils ont perdu leurs investissements, mais ils ont dû rembourser des dettes importantes. Dans une conjoncture identique, d'autres resteront, quoi qu'il arrive, sur des produits financiers garantis à faible rapport mais sans risque. Les uns comme les autres s'appuieront sur un discours parfaitement rationnel pour justifier leur attitude. Mais à leur insu l'élément déterminant reste leur rapport émotionnel au risque. Les premiers éprouvent une excitation face au risque, un certain plaisir et les seconds une peur paralysante. Ni les uns ni les autres ne décident réellement ; sans s'en apercevoir, ils répondent à leurs émotions dans un contexte donné.

L'évolution et l'uniformisation des critères

Choisir, c'est s'appuyer sur des critères de choix. L'enjeu sur ces critères est double : d'abord sur leur évolution (comment évoluent-ils ?), ensuite sur le partage par tous des critères.

Nos critères évoluent avec d'une part notre expérience et d'autre part l'évolution du monde dans lequel nous vivons. Prenons l'exemple du recrutement. Au fur et à mesure de la progression de son expérience managériale, les critères qui discriminent un candidat d'un autre changent. On accorde moins d'importance à certains points et plus à d'autres après avoir tiré les leçons de ses erreurs. De plus, le contexte de l'entreprise change, les besoins aussi et les critères suivent cette progression. Ce cheminement est indispensable, c'est notamment l'un des avantages de l'expérience. Mais attention, il se fait souvent très progressivement sans qu'on le formalise, voire qu'on s'en rende compte soi-même. Or, il est indispensable d'expliciter ses critères. D'abord pour soi, afin de les remettre en cause, les préciser, les améliorer ensuite pour les échanger avec les autres, les challenger collectivement. Cette formalisation permet d'équilibrer ce double mouvement qui consiste à tenir compte de sa propre expérience et de son monde environnant.

Il est fréquent de voir que certains privilégient plus un pôle que l'autre. On connaît des dirigeants qui, en vieillissant, semblent se figer uniquement sur ce qui a fait leur succès dans leur histoire. Les critères leur sont purement internes et ils cherchent à appliquer les recettes du succès passé dans un monde nouveau. À l'inverse, certains jeunes managers feraient volontiers fi de l'expérience de leurs aînés qui, au fil des ans, leur a permis d'affiner leurs critères.

Comme toujours dans l'entreprise, la référence est la stratégie. Tout doit se construire en cohérence par rapport à elle. Les critères de choix doivent en permanence être confrontés à la stratégie et ce, de façon collective. C'est une manière de vérifier qu'elle est comprise par tous de la même façon et qu'elle sera mise en œuvre de manière harmonisée.

Beaucoup de conflits entre les différents services de l'entreprise viennent du fait qu'ils répondent à des logiques différentes. Au-delà même des classiques luttes de territoire, bien souvent on constate que chacun poursuit son propre but et se fixe sa propre définition des priorités.

Il est donc évident que l'une des premières responsabilités du dirigeant est de veiller à ce que tous dans l'entreprise aient intégré des critères de hiérarchisation identiques. Cela suppose que chaque manager à son niveau les décline pour ses propres collaborateurs.

Compétences pour hiérarchiser

Nous ne reviendrons pas sur les compétences classiquement décrites dans les ouvrages pour décider et qui relèvent de techniques de recueil d'information puis d'analyse et de synthèse. Nous développerons trois compétences. L'une est en amont, elle concerne la capacité de l'individu à comprendre et réguler ses émotions mais surtout ses propres ambivalences ; l'autre est à mettre en œuvre en situation, elle repose sur la capacité à mettre en perspective ; enfin, la troisième est en aval, elle est relationnelle et concerne la capacité à résister aux pressions une fois que la décision a été prise.

Gérer ses émotions

L'émotion étant en amont de tout comportement, la gestion des émotions est une compétence transversale à l'ensemble des comportements à développer. Pour autant, il nous paraît important d'insister ici sur le fait que plus que tout autre comportement, l'émotion intervient très puissamment au moment de la hiérarchisation. C'est même l'une des difficultés principales. Sollicités émotionnellement de toutes parts, nous avons tendance à répondre à ce qui va nous calmer. La hiérarchisation ne répond plus à une cohérence des actions à mettre en place mais à rassurer celui qui est en position de décider. D'ailleurs lorsque nous voulons obtenir quelque chose d'un tiers nous utilisons ce même moyen de pression qui consiste à essayer de lui provoquer une émotion pour l'obtenir.

> « *Je sais que tu es débordé en ce moment, mais je te rappelle que le président est très attaché à ce projet…*

– Je ne dis pas que ce n'est pas important. Simplement, nous sommes en pleine période de négociation avec tous nos grands comptes et il ne faudrait pas que l'on se plante sur l'un d'entre eux.
– Tu sais que le président se fait donner un état hebdomadaire de l'avancement du projet et des intervenants qui y ont contribué, je ne voudrais pas qu'il te repère comme frein à l'avancement.
– Bon d'accord, je te le fais pour après-demain ... »

La menace se précise progressivement pour faire monter l'émotion chez celui auquel on demande quelque chose. Au bout d'un moment, elle est tellement forte qu'il ne peut plus que dire oui pour ne pas se sentir submergé. Le demandeur ne se préoccupe en aucune façon de la tâche qui a été sacrifiée au profit de sa priorité du moment. Ça n'a aucune importance pour lui. Et ainsi, progressivement, l'entreprise n'est plus qu'une somme de projets auxquels on a du mal à trouver une cohérence commune.

Gérer ses ambivalences

La difficulté dans la gestion des émotions n'est pas seulement liée aux sollicitations extérieures, elle dépend aussi de nos propres contradictions internes.

Nous voulons tout. Un travail autonome sans avoir à en assumer les risques, un revenu proportionnel à nos efforts mais en même temps garanti, une vie professionnelle riche qui nous laisse suffisamment de temps pour notre vie personnelle, etc. C'est ce qu'on appelle en psychologie l'ambivalence : **la propension à vouloir quelque chose et son contraire**. Elle est présente chez chacun d'entre nous. Or, hiérarchiser c'est justement sortir de cette ambivalence pour renoncer ouvertement à une aspiration pour en privilégier une autre. Encore faut-il être conscient de ses ambivalences. Car, celui qui les porte a notamment comme caractéristique de considérer que cette contradiction n'en est pas une. Il s'acharne à essayer d'obtenir quelque chose et son contraire et cultive ainsi une frustration permanente. Chacun d'entre nous doit donc s'exercer un peu à l'introspection pour identifier ce à quoi ses choix lui font renoncer. Car ici encore ce qui est difficile c'est le renoncement et les conséquences qui en découlent.

Savoir refuser et résister

On l'a vu, au-delà des ambivalences qui induisent un système de pression interne, il faut faire face aux pressions externes. Elles sont permanentes et multiples et nous conduiraient volontiers à zapper d'une sollicitation à une autre. Il ne suffit donc pas de prendre des décisions, il faut pouvoir les maintenir malgré les pressions. Savoir refuser relève de techniques dites d'assertivité. L'assertivité est un style comportemental qui consiste à trouver le juste milieu entre deux tendances : être passif ou être agressif dès qu'il y a de l'émotion dans la relation. Autrement dit, c'est la capacité à dire ce que je considère avoir à dire sans me laisser marcher sur les pieds mais sans pour autant agresser l'autre. Le développement de l'assertivité repose sur des techniques et sur de l'entraînement. Cela donne aux individus une aisance relationnelle qui leur permet de se faire respecter y compris dans les rapports hiérarchiques.

Hiérarchiser en pratique

Représentations qui vont à l'encontre de la hiérarchisation

- Je dois pouvoir tout faire.
- Je dois répondre à toutes les demandes.
- Ce qui compte c'est d'agir vite, il est toujours temps de réfléchir après.
- Ça ne sert à rien de se poser des questions pendant des heures, il faut être réactif.
- On peut tout obtenir si on agit plus vite que les autres.
- Ceux qui renoncent manquent d'ambition.
- Décider est uniquement une question d'intelligence.

Émotions qui vont à l'encontre de la hiérarchisation

- La peur de se tromper.
- Le doute permanent.
- La méfiance à l'égard de tout ce qui est émotionnel.
- L'inquiétude face au jugement des autres.
- L'envie de pouvoir tout faire.
- Le besoin de se dire en permanence que tout est possible.

Représentations qui favorisent la hiérarchisation

- On ne peut pas tout faire ; ce qui compte c'est de faire ce qui est important.

- Il est aussi important de savoir à quoi on renonce que ce qu'on choisit de faire.
- Le manager est le garant d'une cohérence globale des actions.
- Avancer c'est savoir renoncer.
- Il faut en permanence mettre en perspective ce qui est fait pour continuer à donner envie d'agir.
- Le rôle du manager est de prendre des options claires auxquelles chacun peut se référer.
- Ne pas décider conduit à faire du surplace.

Émotions qui favorisent la hiérarchisation

- La satisfaction de définir des options claires.
- Le sentiment de favoriser l'action.
- La fierté d'assumer ses responsabilités.
- Le soulagement de faire cesser le doute.

Manières de faire

- Soyez attentif à vos propres émotions face aux alternatives.
- Explicitez vos critères de choix.
- Faites référence à la stratégie.
- Annoncez les options auxquelles vous renoncez.
- Refusez certaines demandes.
- Interrogez-vous sur l'incompatibilité de vos propres aspirations et celles de votre entourage.

Influencer

La capacité d'influencer son entourage est au cœur du rôle que l'on attend de chacun dans l'entreprise. Certains, par facilité, appellent cela la communication. De fait, la communication est une technique qui aide à influencer, mais l'influence va bien au-delà. **Influencer consiste à impacter les autres.** Cela concerne à la fois leurs émotions et leurs représentations. Leurs émotions pour leur donner une coloration favorable : susciter la sympathie, l'admiration, la fierté, etc. Les représentations pour les faire évoluer et les inciter à s'approprier des objectifs communs de façon à agir dans le sens du collectif.

Influencer ne suppose pas d'avoir nécessairement le dessus sur l'autre. Dans le jeu relationnel, notamment lors de tensions, l'enjeu n'est pas de prendre l'ascendant à tout prix mais de faire entendre son discours par l'autre.

Pourquoi influencer

Influence et manipulation

Dès que l'on fait travailler un groupe de managers sur l'influence, une question apparaît : « Vous voulez que nous soyons des manipulateurs ? » Les termes sont souvent associés et liés à l'image des politiques qui n'est souvent pas très bonne. C'est vrai que par essence, le métier du politique est d'influencer les électeurs, ne serait-ce que pour se faire élire. De plus, il y a parfois une confusion entre le métier de politique et être politique dans l'entreprise. Ce qui, à juste titre, évoque l'attitude de celui qui cherche le pouvoir non pas par la méritocratie mais par les jeux florentins. Le politique (dans l'entreprise) est manipulateur. Il avance masqué sans avouer ses buts réels et utilise des techniques qu'il ne reconnaît pas utiliser (prêcher le faux pour connaître le vrai, monter les uns contre les autres, dissimuler la vérité, etc.). C'est là que se trouvent les vraies différences entre la manipulation et l'influence. La manipulation n'explicite jamais ses buts réels et dissimule les techniques qu'elle utilise pour arriver à ses fins. **L'influence est transparente sur ses buts et ses moyens.** Le manager qui cherche à influencer ses dirigeants pour obtenir plus de moyens pour son équipe, n'a pas besoin de se dissimuler. Il peut annoncer d'emblée son objectif et décrire comment il compte l'atteindre : *« Je souhaite vous convaincre de me* *donner plus de moyens et pour cela je vais montrer pourquoi nous ne pourrons pas y arriver sans ces ressources supplémentaires. »*

Quelle alternative à l'influence ?

L'autre question à se poser sur l'influence est : quelle est l'alternative ? Dans des organisations matricielles et en réseau, comment faire pour que les uns et les autres puissent obtenir leur collaboration mutuelle ?

Différentes pratiques sont utilisées :

- le chantage : *« Si tu ne soutiens pas mon projet, je m'opposerai au tien ... »*
- l'autoritarisme : *« De toutes les façons, tu n'as pas le choix, je suis ton chef et tu dois m'obéir. »*
- la menace : *« Si tu n'atteins pas tes objectifs, tu peux dire au revoir à ta prime. »*

Si elles sont si répandues, c'est qu'elles fonctionnent. Elles ont cependant plusieurs inconvénients.

Le premier est qu'elles créent une certaine tension relationnelle. Chacune de ces manières de faire provoque de l'émotion négative (anxiété, hostilité, ressentiment, etc.) chez l'interlocuteur, émotion qui viendra ensuite parasiter la relation avec celui qui l'a provoquée. À terme, le risque est de détériorer progressivement la relation au point qu'elle soit dominée par la méfiance. Dès lors, la complexité du jeu relationnel peut parasiter le contenu des messages : « Lorsqu'il me dit telle chose, qu'est-ce qu'il a derrière la tête, qu'est-ce qu'il cherche à me faire faire, où est le piège ? »

Autre inconvénient : à chaque fois que l'on utilise l'une de ces trois techniques, on fait pression plutôt que l'on cherche à convaincre. On obtient de l'autre non pas en suscitant son adhésion mais en l'obligeant. Or, celui qui se sent obligé ne fait pas les choses avec la même motivation, n'y met pas la même énergie, quand il ne cherche pas à faire échouer l'action en cours en appliquant les directives de façon mal appropriée.

Dans tous les cas, l'efficacité est moins bonne. Cela ne signifie pas qu'il n'est jamais pertinent de s'en servir mais leur usage témoigne toujours de la fragilité de celui qui les utilise sur le plan de sa capacité à convaincre.

Qu'est-ce qu'influencer ?

Le comportement d'influence emprunte quelques passages obligés.

Préciser son objectif

L'une des premières difficultés à impacter l'autre vient du fait qu'on ne sait pas précisément quel impact on souhaite avoir sur lui. Ou encore, on veut en faire trop à la fois. On voudrait que l'auditoire d'une réunion soit convaincu de l'importance du projet que l'on défend, soit persuadé que notre manière de le mener est la meilleure, ait compris qu'il est normal que nous ayons besoin d'un délai supplémentaire, nous considère comme une équipe performante et brillante, éprouve de la sympathie à notre égard, etc. Le saupoudrage des objectifs en dilue l'effet au point d'en perdre tout impact. Il faut choisir un ou deux objectifs pour s'y concentrer. Avant une rencontre ou une réunion, les questions à se poser sont donc : quel type d'impact je souhaite avoir et sur qui ? Plus les réponses à ces questions sont précises, plus l'influence sera forte.

Se préparer et s'entraîner

La préparation ne se limite pas à la définition de ses objectifs, elle concerne aussi le mode de communication que l'on utilise (notamment la communication non-verbale, *confer* chapitre « Observer »). Cela suppose un travail de préparation intensif que certains considèrent comme contre-productif par rapport à leur impact sur les autres : « Si je ne suis pas naturel, je ne suis pas bon. » Et de prendre l'exemple des personnages les plus charismatiques pour souligner leur naturel. En fait, le naturel et l'aisance viennent lorsque tout le reste est parfaitement maîtrisé. Et cela suppose beaucoup de préparation et/ou beaucoup d'expérience. Après avoir répété une présentation plusieurs fois, les mots viendront naturellement ; cela me donnera de la disponibilité pour regarder mon auditoire, pour m'ajuster à ses réactions, pour illustrer mon propos d'anecdotes, etc. L'improvisation est souvent utile pour offrir au moment une singularité qui touche les interlocuteurs. Mais encore faut-il avoir une disponibilité pour improviser... Comme tout exercice complexe, influencer – que ce soit un individu ou un groupe – suppose de parfaitement maîtriser de très nombreux paramètres. C'est pourquoi cela nécessite de la préparation et de l'entraînement.

Savoir utiliser le temps

L'influence se gère dans la durée. Lorsque la position défendue est trop éloignée de la représentation de l'interlocuteur, il ne sert à rien de chercher à convaincre ce dernier immédiatement. Il faut lui donner le temps de faire évoluer sa représentation par étapes. Vouloir aller trop vite provoquerait une émotion qui pourrait avoir comme conséquence de bloquer l'individu, voire de le mettre dans une attitude de rejet global. La première étape est donc souvent de commencer par faire exprimer à l'autre sa représentation puis progressivement de l'aider à la remettre en cause.

Comprendre les positions de l'autre et s'y ajuster

Avant d'influencer, encore faut-il savoir dans quel état émotionnel se trouve l'auditoire et quelles sont ses représentations. Dans un groupe que nous connaissons depuis des années pour y dispenser de la formation aux managers, le président nous a demandé de donner à son comité exécutif un feed-back sur la culture managériale telle qu'elle était perçue. Dès les premières minutes de la présentation certains membres du comité exécutif ont exprimé leur désapprobation par rapport aux propos tenus. L'émotion est vite montée sous forme d'agacement. Toute la fin de présentation n'a plus été qu'une confrontation entre nous – consultants – et les membres du comité décidément peu disposés à entendre ce qu'ils ne voulaient pas entendre. En l'occurrence, notre influence a été non seulement quasiment nulle mais même négative : une partie de notre auditoire est repartie convaincue qu'elle était excellente sur le plan managérial. Non seulement nous n'avions aucune information sur l'état émotionnel de notre auditoire concernant le sujet mais nous n'avons pas su nous réajuster à cet état émotionnel.

Pourtant, les consultants savent qu'avant de faire travailler un groupe sur un sujet quelconque, il est toujours utile de lui faire exprimer ses représentations et d'évaluer son niveau émotionnel. De ce point de vue, pour bien influencer il est utile de faire appel à un autre comportement : observer.

Exprimer ses émotions

L'impression selon laquelle certaines personnalités ont la capacité à impacter les autres et d'autres pas est souvent partagée. Cependant, nous avons tous un jour été surpris de constater qu'un membre d'une équipe plutôt en retrait habituellement peut s'animer et transmettre sa passion et son enthousiasme sur un sujet qui lui tient à cœur. C'est qu'il a laissé son émotion s'exprimer sur le sujet en question. Parfois d'ailleurs sans le vouloir, mais pris dans sa passion, il s'emporte. Quand il s'exprime sur d'autres sujets, l'absence d'expression d'émotions rend le discours terne. Impacter les autres suppose de les toucher sur un plan émotionnel et cela passe par l'expression de ses propres émotions. Ce qu'on appelle le charisme qui consiste à susciter l'adhésion des autres, repose en grande partie sur la capacité à exprimer des émotions pour en provoquer chez les autres. Tout le monde le fait plus ou moins, certains ont développé leur capacité à le faire. Observez la richesse émotionnelle du visage du Dalaï Lama ou celle de Bill Clinton.

Pour développer sa capacité à exprimer ses émotions, encore faut-il en comprendre l'utilité. L'éducation, notamment celle des garçons, repose en grande partie sur l'apprentissage à cacher ses émotions : « Les hommes ne pleurent pas, contrôle-toi, reste stoïque, … » La vision du chef idéalisée est souvent celle d'un individu qualifié de minéral ou de métal (l'homme de marbre ou celui qui a des nerfs d'acier), c'est-à-dire dépourvu de toute émotion. Mais observons parmi les personnages publics ceux qui n'expriment aucune émotion : ils manquent cruellement d'impact sur les autres.

Les compétences élémentaires de l'influence

Influencer, nous l'avons vu, fait appel à d'autres comportements comme observer mais aussi hiérarchiser, pour préciser le type d'impact que l'on souhaite avoir sur les autres.

C'est un comportement qui s'appuie aussi sur quelques compétences élémentaires.

L'expression orale

Il est étonnant de constater combien on nous enseigne peu au cours de notre cursus scolaire et universitaire à nous exprimer par oral. Pourtant, quel que soit le métier que nous ferons plus tard, notre capacité à l'exercer sera grandement facilitée par notre qualité d'expression orale. Dans les grandes entreprises, les collaborateurs qui sont « remarqués » par les dirigeants sont souvent ceux qui, en peu de temps, les ont frappés par leur mode d'expression. Indépendamment de leur performance, la seule chose sur laquelle ils peuvent se faire une opinion propre est l'expression orale.

Elle repose aussi bien sur l'élocution que sur la structure du discours. Rappelons quelques principes de base de l'expression orale que chacun peut utiliser.

1. Simplicité et clarté du message

Quelle que soit la longueur du propos que l'on a à tenir et surtout sa complexité, il faut se poser la question de savoir comment celui qui le recevra pourra le mémoriser. Pour cela, il est indispensable de le synthétiser en quelques phrases. Ce que les Anglo-Saxons appellent le *speech elevator*. Comment pourriez-vous en cinq étages dire l'essentiel de telle façon que votre interlocuteur en retienne le principal ? Cet exercice de synthèse oblige l'orateur à construire son discours autour d'une colonne vertébrale qui le structure.

2. Répétition des idées fortes

La pédagogie, c'est la répétition. Nous avons tous été conditionnés pour ne pas nous répéter. Nos premières rédactions ont été annotées en rouge du terme « répétition » qui se passait de commentaires. De plus, la répétition est souvent associée au vieillissement – le grand-père à la limite du gâtisme qui répète toujours la même chose –. Or, si on souhaite qu'une idée soit retenue, il est indispensable de la répéter plusieurs fois. On commence par l'annoncer, puis on l'illustre et on la reformule sous une autre forme.

3. Illustration du propos

Un exemple marque toujours plus qu'un long discours. Surtout si cet exemple comporte une dimension émotionnelle, et plus encore si elle concerne l'orateur lui-même. L'illustration, c'est la couleur d'un discours, lorsqu'il en manque le propos paraît terne, comme s'il était en gris (comme les vieux postes de télévision). L'illustration met en éveil l'auditoire.

C'est aussi souvent l'occasion de mettre une pointe d'humour, ce qui provoque une émotion positive. Enfin, bien souvent l'illustration permet à l'orateur d'expliquer réellement ce qu'il veut dire. Ou plutôt de provoquer chez l'auditoire le déclic qui le mettra sur la même longueur d'onde.

4. L'expression non-verbale

Nous le disions dans le chapitre « Influencer », la communication non-verbale est celle qui impacte le plus. Il s'agit donc de préciser ce que l'on souhaite susciter à travers cette communication qui touche sur le plan émotionnel. Provoquer de l'attention ou de l'attente, par exemple, suppose de faire des pauses. Souvenez-vous d'Alain Decaux qui racontait l'Histoire ; chaque pause nous semblait une attente interminable qui attisait notre impatience de connaître la suite. Chaque élément compte dans l'expression non-verbale : la gestuelle, le déplacement, la mimique, le ton de la voix, le débit, etc. Il est essentiel de faire en sorte que ce mode d'expression vienne renforcer le contenu du discours.

L'influence sur le parcours du manager

L'expert

En quoi est-ce que l'expert dont le métier est de produire a-t-il besoin d'influencer ? Dans le fond, ce qu'on lui demande c'est une production de bonne qualité et rien d'autre. Ce n'est pas faux mais qui produit seul dans son coin ? quel est l'expert qui pour réaliser ce qu'il a à faire n'a pas besoin des autres ? À quoi sert un avis pertinent s'il n'est pas présenté de telle façon que celui qui le reçoit ait envie de l'entendre ? Dans toutes ses interactions avec les autres, l'expert a besoin d'influencer. D'abord pour obtenir que les autres contribuent à son travail ; puis pour que sa hiérarchie lui attribue les moyens d'aboutir dans sa mission ; enfin pour mettre en valeur ses réalisations.

Le manager

Finie l'époque des managers qui distribuaient des ordres comme des petits chefs puis qui se contentaient d'inspecter les travaux finis. Le manager doit convaincre. Car celui qui n'est pas convaincu fera avec moins d'élan, moins d'intérêt et donc d'intelligence ; bref, fera moins bien. C'est vrai de ses collaborateurs mais c'est vrai aussi dans son rôle d'interface entre son équipe et le reste de l'entreprise. Au sein de l'entreprise, les équipes sont en rivalité et leurs managers respectifs doivent user de leur capacité d'influence pour que leur équipe puisse réaliser leur mission dans de bonnes conditions.

Le dirigeant

La pratique de l'influence par le dirigeant est ce qu'on appelle couramment le leadership. S'il continue d'influencer ses interlocuteurs dans les échanges en tête-à-tête, la nouveauté est qu'il doit pouvoir influencer des groupes dont il ne connaît pas les membres individuellement. Il doit les impacter pour leur donner envie. Envie de suivre la stratégie, envie de se dépasser pour l'entreprise, envie de gagner collectivement contre les concurrents.

Influencer en pratique

Représentations qui vont à l'encontre de l'influence

- Ce qui compte, c'est de leur dire tout ce que j'ai à leur dire sans rien oublier.
- Du moment que le contenu de mon message correspond à ce que je veux dire, le reste n'a pas d'importance.
- Chacun a son avis, ça ne sert à rien de donner le mien.
- Il faut être authentique et s'exprimer comme on l'a toujours fait.
- Quand on cherche à influencer les autres, on les manipule.
- C'est malhonnête d'influencer.
- Si les autres s'aperçoivent que je cherche à les influencer, ils vont me rejeter.

Émotions qui vont à l'encontre de l'influence

- Le dégoût de ceux qui cherchent à manipuler.
- La peur de manquer de respect aux autres.
- Le rejet de tout ce qui n'est pas authentique.
- L'inquiétude de ne pas être soi.
- La préoccupation de perdre l'estime des autres.

Représentations qui favorisent l'influence

- Il ne sert à rien d'avoir raison si les autres ne peuvent pas vous entendre.
- Si j'arrive à convaincre mon auditoire, les choses seront plus faciles.

- Dans les échanges, je dois savoir précisément ce que je veux transmettre.
- Quoi que je fasse, les autres en retiennent et en ressentent quelque chose, autant que je choisisse quoi.
- J'accepte que les autres m'influencent et je pense que mon avis sur certains points peut leur apporter quelque chose.
- Si je n'influence personne, c'est comme si je n'existais pas.
- Si, sur ce qui me tient à cœur, je n'arrive pas à influencer, je vais entrer en conflit avec mes interlocuteurs.

Émotions qui favorisent l'influence

- L'envie de partager des convictions.
- Le plaisir de convaincre.
- Le plaisir de séduire.
- La satisfaction de trouver le bon mode de communication.
- La stimulation de capter l'attention.

Manières de faire

- Écoutez et questionnez vos interlocuteurs avant de vous exprimer.
- Ne défendez qu'une idée à la fois.
- Exprimez vos émotions.
- Regardez vos interlocuteurs lorsque vous vous exprimez.
- Tenez compte des réactions de votre auditoire et ajustez-y vous.
- Recueillez des feed-back sur les réactions de votre auditoire après votre intervention.

Accompagner

« Je ne veux pas savoir comment, mais je vous conseille d'atteindre vos objectifs. » La menace est à peine voilée mais fréquente. Le manager se complaît couramment à être un donneur d'ordre qui n'a pas à entrer dans les contingences de la mise en œuvre. Privilège du pouvoir hiérarchique, il considère volontiers qu'il est sur le pont du bateau pour décider de la route, aux soutiers de faire en sorte que les machines fonctionnent au rythme attendu. Cette vision est évidemment celle d'un autre siècle. Le manager d'aujourd'hui échange, transmet, suit, développe ses collaborateurs. En un mot : il les accompagne.

Ce comportement permet de répondre à trois grandes fonctions managériales.

La première est une aide à la mise en œuvre. C'est plus un rôle de réflexion, d'élaboration et d'apport de méthodologie pour le collaborateur sur la manière d'élaborer les différentes options qu'un rôle d'action.

La deuxième est le suivi. Le manager est le garant d'un suivi dans le temps des projets qui sont lancés. À lui de rythmer le temps pour offrir un cadre à leur réalisation. Et donc à faire en sorte qu'ils soient aboutis en temps et en heure.

Enfin, accompagner c'est développer les collaborateurs, leur donner les moyens de grandir et veiller à ce que cette croissance se fasse au bon rythme et dans les bonnes conditions.

Accompagner au quotidien

Le manager prestataire de service

Fondamentalement, ce comportement répond au modèle selon lequel le manager doit être prestataire de service vis-à-vis de ses collaborateurs. Celui qui fait faire doit aussi être, dans une certaine mesure, au service de ceux qui font. En offrant tous les atouts de sa complémentarité, il leur permet de faire plus et mieux.

Le comportement d'accompagnement est le plus ingrat, le moins valorisant et le plus consommateur de temps de la fonction managériale. C'est donc l'un des moins pratiqués. Cependant, pour ceux qui le pratiquent, il n'est pas le moins gratifiant. L'accompagnement s'inscrit dans la droite ligne du principe de l'encadrement. Si autrefois, il s'agissait principalement d'être donneur d'ordre et sanctionneur, aujourd'hui c'est un cadre qui repose principalement sur la pédagogie et la maïeutique. Le manager est celui qui structure les étapes de suivi et de développement. À chaque rencontre, il s'agit plus de faire découvrir à son collaborateur ce qu'il a à lui transmettre dans un échange basé sur la réciprocité qu'à lui asséner des vérités.

Assurer un suivi

Ce ne sont ni les idées ni les projets qui manquent dans l'entreprise, c'est plutôt la capacité à les mettre en œuvre. Beaucoup sont lancés et beaucoup sont abandonnés en route. D'autres sont décalés dans le temps. Il est vrai que la complexité des sujets traités et le manque de visibilité sur l'avenir conduisent à une multiplication de sollicitudes qui tourne au zapping. C'est l'un des rôles du manager d'assurer le suivi des projets. Son recul par rapport aux experts lui évite, en principe, de passer d'une sollicitation à une autre en perdant le sens des priorités. Il est le garant du sens, ce qui suppose de s'assurer de la réalisation de ce qui est essentiel pour l'avenir de l'entreprise. Autre dimension du suivi : le contrôle. Le manager a la responsabilité de contrôler ce qui est fait. L'accompagnement peut parfois prendre la forme d'un marquage du collaborateur au sens footballistique du terme. Pour le faire progresser, il est nécessaire de le rencontrer à chaque étape. Le collaborateur peut avoir du mal à supporter cette présence ; ce qui peut créer une forte tension relationnelle.

Autre tension, celle qui est liée au contrôle. Très souvent les collaborateurs interpellent le manager en lui disant que s'il contrôle c'est qu'il ne fait pas confiance. Et certains s'y laissent prendre mi par paresse mi par évitement de la tension, ils déclarent faire confiance et ne contrôlent plus rien. Contrôler, c'est donc comprendre et être vigilant à une certaine rigueur.

Garant de la rigueur, un comportement ingrat

Personne n'aime la rigueur. En son temps, Raymond Barre, Premier ministre avait été affublé du « petit père la rigueur », terme qui exprimait à la fois mépris et désapprobation. La rigueur est austère, triste, sans créativité, autant dire profondément ennuyeuse. Mais accompagner sans rigueur, c'est commencer sans finir, c'est contrôler en survolant, c'est écouter sans tout comprendre, bref c'est faire du mauvais travail. L'une des principales valeurs ajoutées du manager qui accompagne est justement d'être le garant vis-à-vis de l'entreprise que le travail se fait dans un cadre rigoureux.

Cette exigence de rigueur peut être mal vécue par certains collaborateurs qui, derrière le prétexte de l'autonomie, évitent le regard tiers et la réponse à une exigence. Cela leur permet de faire comme ils le veulent sans avoir à rendre de compte sur leur manière de faire. Accompagner crée donc parfois une tension relationnelle. La tentation peut être forte de laisser tomber : pourquoi se donner du mal avec un collaborateur qui ne demande rien ? La facilité consiste toujours à le laisser faire comme il le souhaite et à s'arranger du résultat. Si celui-ci est trop mauvais, c'est le collaborateur qui n'est pas compétent. Il suffit alors de le former ou, s'il n'est tout simplement pas à sa place, de le remplacer…

L'une des difficultés à la pratique de la rigueur avec les collaborateurs c'est qu'ils sont par essence plus experts que le manager. Ils peuvent donc, avec la meilleure bonne foi s'enfermer dans un discours technique et jargonnant qui décourage vite le manager. L'accompagnement suppose de comprendre ce que font les collaborateurs et donc exiger d'eux qu'ils l'expliquent. Souvent, c'est autant les managers qui renoncent à comprendre des domaines dans lesquels ils n'ont pas reçu de formation que les collaborateurs qui s'abritent derrière la technicité pour ne pas avoir à rendre de comptes précis. On glose beaucoup en France sur nos dirigeants sortis des grandes écoles et de leur « tête bien faite ». J'ai souvent été frappé de voir que l'une des caractéristiques des grands dirigeants est leur exigence de comprendre dans tous les domaines de l'entreprise. Pas question de leur demander un accord sans que les tenants et les aboutissants soient clairs pour eux. À l'inverse, on voit des dirigeants qui renoncent à comprendre des pans entiers de leur entreprise, comme l'informatique par exemple, ce qui donne parfois de véritables catastrophes.

Un comportement chronophage

Passer du temps avec des collaborateurs pour les aider à surmonter leurs difficultés, encadrer le suivi et les développer suppose une grande dose d'abnégation. En effet, on n'en mesure jamais tout à fait les effets et surtout lorsque ça marche tout le succès revient à celui qui a fait et non à celui qui a fait faire. De plus, c'est un investissement dont on ne recueille les fruits qu'à moyen terme. Autant dire qu'au rythme des changements de postes des managers, on travaille pour son successeur et… pour ses collaborateurs.

De plus, comment accompagner chaque collaborateur surtout lorsqu'ils sont nombreux ? **Le principal problème n'est pas tant l'allocation du temps que d'allouer du temps à quelque chose qui ne se voit pas.** Lorsque le manager est en réunion avec ses pairs ou qu'il négocie un contrat, on sait ce qu'il fait, c'est identifiable par tous et on peut en voir les effets concrets ; lorsqu'il accompagne ses collaborateurs, ce qu'il fait n'a une visibilité qu'indirecte et décalée dans le temps. Or, comme tout un chacun, le manager doit entretenir sa légitimité notamment en montrant l'utilité de ce qu'il fait. Tout ce temps passé à accompagner les collaborateurs est donc un temps qu'il faut compenser par autre chose de plus visible et valorisant. En cela le temps compte double. Chaque minute passée avec un collaborateur doit souvent être « compensée » par autre chose. De plus, accompagner recouvre plusieurs fonctions managériales ; il s'agit aussi bien de contrôler que de suivre ou de développer les collaborateurs. Il n'est donc pas étonnant que beaucoup de managers se contentent du service minimum sur ce comportement.

Les compétences pour accompagner

1. Faire progresser les autres sur le plan de la méthodologie

Accompagner n'est évidemment pas faire à la place. C'est trouver la vraie valeur ajoutée entre donner des solutions au collaborateur et le laisser se débrouiller avec les problèmes qu'il rencontre. Cette valeur ajoutée repose principalement sur de la transmission de méthodologie. La question n'est pas dans les solutions qu'il trouve ou choisit mais dans sa manière d'y arriver. La vraie utilité du manager est là. Comment raisonne le collaborateur, comment recueille-t-il l'information, comment consulte-t-il ses pairs ou propres collaborateurs, etc. ? Bref, le manager met son collaborateur en position d'examiner ses propres modes de fonctionnement pour les critiquer et les enrichir. Il fait prendre conscience au collaborateur de ses propres réflexes et de leurs limites pour le pousser à enrichir sa palette de comportements. En somme, le manager revient toujours à la méthode employée. Cela suppose qu'il mette à jour celle qu'utilisent les collaborateurs et qu'il les aide à l'améliorer. Le manager devrait donc se centrer sur les process plus que sur le résultat. Poür beaucoup d'entre eux on en est loin ! C'est parfois par paresse mais plus souvent par manque de compétences dans l'approche méthodologique des sujets.

S'appuyer sur la « méthodologie » comme principale valeur ajoutée dans l'accompagnement au quotidien des collaborateurs permet aussi de trouver la bonne distance. Le risque oscille en permanence entre le manager qui se mêle de tout, donne son avis sur tout, garde le contrôle de tout et ne délègue rien et celui qui se défausse. **L'accompagnement n'est pas de donner son avis sur tout mais de challenger ses collaborateurs**, de les remettre en cause pour les obliger à s'interroger sur leurs manières de faire puis de contribuer à les développer en les aidant à améliorer leurs méthodes. En l'absence de méthode le manager devient vite un conseiller technique puis purement un donneur d'ordre.

2. Savoir coacher ses collaborateurs

Coacher ses collaborateurs est un style relationnel et un style de management. L'objectif est d'obtenir le meilleur de ses collaborateurs mais surtout de les développer. Cela passe d'abord par le comportement d'observation déjà décrit. Le manager doit se faire une opinion sur les points que le collaborateur peut (ou doit) améliorer. Il faut ensuite qu'il donne un feed-back au collaborateur qui procure l'envie à ce dernier de progresser, voire de changer de comportement. C'est l'une des choses que le manager a le plus de mal à faire. Pris par l'urgence du temps, il assène au collaborateur ses critiques. Celui-ci les prend souvent sur un mode défensif, c'est-à-dire en cherchant à se justifier, ce qui la plupart du temps le renforce dans l'idée qu'il ne peut pas faire autrement. La suite est une affaire de rapport de force. Le manager pourra imposer le changement à son collaborateur mais celui-ci le faisant à contrecœur et sans être convaincu de son utilité, ne changera qu'en apparence. Donner à l'autre envie de changer suppose qu'il ne se sente pas mis en accusation et qu'il explore lui-même les conséquences de son comportement. **C'est la prise de conscience de ces conséquences qui peut susciter l'envie d'évoluer.**

L'étape suivante est alors de transmettre une méthode de changement – car il ne suffit d'avoir envie pour y arriver ; c'est même souvent parce qu'on ne sait pas comment changer que l'on se construit un raisonnement pseudo logique selon lequel il est inutile de changer –.

Pour cela, il doit s'appuyer sur les principes de la maïeutique qui vont lui permettre de faire évoluer les représentations de son interlocuteur. Puis il accompagnera par petites étapes les changements de comportement.

Les enjeux de ce comportement au cours de la vie professionnelle

L'expert s'accompagne d'abord lui-même. Il veille au suivi de ses propres projets. Il a ensuite à développer à partir de sa technicité à la fois les arrivants plus juniors mais aussi parfois sa propre hiérarchie.

Le jeune manager axe principalement son accompagnement sur le suivi qui est la partie la plus simple de l'accompagnement. À mesure qu'il progresse, il se doit d'acquérir des capacités méthodologiques pour apporter une autre valeur ajoutée à ses collaborateurs. Enfin, petit à petit le comportement d'accompagnement s'enrichit de la capacité de développement de son entourage.

Le responsable de projet travaillant avec des collatéraux, a pour mission de veiller à l'avancement et à la réalisation d'un travail collectif, sans avoir pour autant les mêmes leviers d'action que le manager. Il lui faudra probablement mettre en jeu un comportement complémentaire, comme l'influence.

L'accompagnement, pour *le dirigeant*, concerne l'ensemble de l'entreprise. Garant de la cohérence globale et de la continuité de l'entreprise, il n'accompagne pas des individus mais l'ensemble. Le style d'accompagnement du dirigeant est fortement teinté d'influence.

Accompagner en pratique

Représentations qui vont à l'encontre de l'accompagnement

- Lorsque je fais confiance, je n'ai pas besoin de contrôler.
- Si je commence à passer du temps avec chacun de mes collaborateurs, je n'en aurais plus pour faire autre chose.
- Je ne peux pas m'intéresser à tout, j'ai des spécialistes pour ça.
- Si les gens sont compétents, on n'a pas besoin d'être derrière leur dos.
- Ce n'est pas à moi de m'occuper du développement de mes collaborateurs, il y a des séminaires pour cela.
- Je suis là pour donner les lignes directrices, à mes collaborateurs de se débrouiller pour y arriver.

Émotions qui vont à l'encontre de l'accompagnement

- La peur de ne pas être assez visible.
- La peur de ne pas atteindre les objectifs.
- Une gêne face aux tensions relationnelles avec les collaborateurs.
- L'inquiétude de ne pas réussir à développer ses collaborateurs.
- La préoccupation de montrer à son collaborateur qu'on lui fait confiance.
- L'ennui de passer du temps sur des sujets pour lesquels on n'a pas d'intérêt.

Représentations qui favorisent l'accompagnement

- Le rôle du manager est d'être prestataire de service vis-à-vis de ses collaborateurs.
- Le manager est le garant de la continuité pour éviter de perdre son énergie et donner du sens à ce qui est fait.
- Si on manque de rigueur, les erreurs vont se multiplier.

- On ne doit pas exiger des choses de ses collaborateurs sans se préoccuper de la manière dont ils pourront les atteindre.
- Il n'y a pas de confiance sans contrôle ou alors c'est une confiance aveugle.
- On doit s'impliquer directement dans le développement de ses collaborateurs autant pour eux que pour l'entreprise.
- La performance se mesure à ce que fait l'équipe plus qu'à ce que l'on fait tout seul.

Émotions qui favorisent l'accompagnement

- Le plaisir de voir se développer ses collaborateurs.
- La sérénité liée au contrôle de l'activité.
- La complicité liée au suivi de l'activité.
- La satisfaction du fonctionnement en complémentarité vis-à-vis de ses collaborateurs.
- La fierté d'être garant d'une continuité et donc de sens.

Manières de faire

- Prenez des rendez-vous réguliers avec vos collaborateurs.
- Questionnez en cherchant à comprendre avec précision.
- Questionnez en poussant votre interlocuteur à s'interroger sur ce qu'il dit.
- Demandez régulièrement des informations sur l'avancement des différents projets.
- Interrogez-vous sur les moyens avant de mettre en place un nouveau projet.
- Vérifiez que ce qui est fait l'est dans l'état d'esprit et le sens défini par la stratégie.
- Challengez vos interlocuteurs sur leurs méthodes et leurs process.
- Gardez de la disponibilité pour vos collaborateurs.
- Gardez-vous de donner votre avis sur tout même lorsque vos collaborateurs vous sollicitent.

Partager

Dans le courant individualiste qui a envahi la société toute entière et l'entreprise en particulier, il semble paradoxal, voire provocateur, de mettre le partage comme l'un des huit comportements centraux du manager. Le véritable paradoxe est que ce mouvement d'individualisme très puissant s'accompagne en même temps d'un mouvement organisationnel qui vise à favoriser, voire même à obliger les individus à sortir de leur isolement pour travailler de façon plus collective. L'image du jeu collectif emprunté au sport est utilisée de façon récurrente pour illustrer les attentes que l'entreprise nourrit sur ce plan vis-à-vis de ses salariés.

Il est probable que ce comportement sera l'un parmi lesquels l'entreprise devra le plus investir à l'avenir. Le déficit de bon fonctionnement collectif est à l'origine de coûts considérables tant par les erreurs commises que par la dégradation de l'ambiance qui entraîne baisse de motivation et turn-over. Les enjeux sur ce comportement sont d'autant plus compliqués que les équipes sont de plus en plus internationales et qu'elles ont du mal à se comprendre. Or, avant de partager, il vaut mieux se comprendre.

Partager au quotidien

Faire exister la relation

Pour partager des idées, des projets, du travail, il faut avoir une bonne qualité relationnelle. La relation est en effet le tuyau qui permet de faire passer le contenu du message (voir le chapitre « Observer »). Lorsqu'elle se dégrade ou qu'elle est de mauvaise qualité, ce que l'on souhaite exprimer n'est pas reçu ou alors il l'est de façon déformée. La qualité relationnelle est en jeu. Faire exister la relation suppose un certain nombre de conditions.

Avoir des aspérités

Un individu sans aspérité est un individu auquel les autres ne peuvent rien accrocher pour se mettre en relation avec lui. Les aspérités, ce sont toutes les particularités qui font que nous sommes différents des autres. Cela va de nos goûts culinaires à nos lieux de vacances en passant par les sports que l'on pratique ou les séries télé que l'on préfère. C'est ce qui permet aux autres de nous identifier en tant que personne et pas seulement en tant qu'unité de travail. Dans la culture française, les salariés sont souvent assez méfiants dès qu'il s'agit de parler d'eux. Ils ont tendance à considérer qu'ils peuvent se limiter à produire ce qu'on leur demande sans rien montrer de leur personnalité. Outre qu'il est illusoire de ne rien révéler de soi dans un lieu où l'on passe trente-cinq heures par semaine, en l'occurrence il ne s'agit pas de tout dire et notamment ce qui concerne son champ de vie intime. Il est seulement question de permettre aux autres de vous identifier en tant que personne.

S'intéresser à l'autre en tant que personne

La réciproque de l'aspérité est l'intérêt que l'on porte à l'autre en tant qu'individu. C'est-à-dire tenir compte du fait que sa vie ne s'arrête pas lorsqu'il arrive au travail. Cela suppose d'en savoir un minimum sur le mode de vie de l'autre. Et de prendre en compte les événements de vie lorsqu'ils surviennent. Ici encore, attention au raisonnement en tout ou rien ; il ne s'agit pas de remplacer les amis, la famille voire le psy lorsqu'un collègue de bureau a des difficultés, il est simplement question de le considérer comme un être humain et de lui montrer qu'on en tient compte. Une fois de plus, ce sont nos émotions qui nous piègent. Ce paragraphe sur la prise en compte du collègue en tant que personne, semble évident à tout le monde lorsqu'on pense aux personnes pour lesquelles on ressent de la sympathie. Pour les autres qui nous sont indifférentes, voire antipathiques, on ne voit pas pourquoi on ferait des efforts. Après tout c'est un collègue, je ne l'ai pas choisi alors pourquoi serais-je obligé de me forcer à m'intéresser à lui ? La réponse est simple : pour être en relation avec lui.

Exprimer ses ressentis

L'aliment de la relation, ce qui la nourrit quotidiennement : ce sont les émotions. Celui qui ne montre rien de ce qu'il ressent, vit à côté de nous mais n'est pas vraiment en relation avec nous. On échange de façon factuelle mais sans expression émotionnelle, donc déshumanisée. On ne se considère plus que de façon fonctionnelle : « Untel me sert à recruter, untel à résoudre mes problèmes informatiques, … » La relation suppose donc de l'expression émotionnelle.

Trouver la bonne distance affective

Être en relation ne signifie pas avoir une proximité affective. Ici encore les extrêmes sont dangereux. La grande distance affective, nous l'avons vu, revient à ne pas être en relation. Mais la proximité trop grande comporte aussi des pièges. Nous sommes bien en relation avec ceux dont nous sommes proches mais dans quel champ se situe-t-elle ? Si cela devient une relation amicale, voire amoureuse intense, il va se poser à un moment un conflit de rôle. C'est-à-dire qu'il y aura contradiction entre le rôle de proximité affective et le rôle de professionnel. On voit ainsi des conduites inacceptables tolérées parce que celui qui les adopte est proche du dirigeant ou des responsables qui restent en place alors, qu'à l'évidence, ils ont atteint leur seuil d'incompétence. Dans ce cas, la relation prédomine sur la logique de l'entreprise (l'efficacité).

Parler des désaccords

Ne parlons pas de ce qui fâche… cela pourrait dégrader la relation. C'est vrai, à court terme et selon la forme que prend l'échange. En revanche, à moyen terme, il est certain que de ne pas parler des désaccords dégrade la relation. L'autre agace de plus en plus, on a le sentiment qu'il ne fait aucun effort et qu'il ne changera jamais. Le désaccord tourne alors au conflit. Toute la question des désaccords est d'en parler d'une façon qui permette de les dénouer au lieu de les aggraver. Nous reviendrons sur ce point dans le paragraphe sur l'assertivité.

La relation avant le contenu

Quelle que soit la relation, certains tentent de faire passer le contenu de leur message à tout prix. Ils se trompent. Il est indispensable d'améliorer la relation avant de chercher à faire passer le contenu. Ils gagneront beaucoup de temps.

Savoir être patient

Partager prend du temps. Et comme tout ce qui prend du temps en entreprise, ça commence par agacer… Après cela, on en arrive vite à considérer que ce n'est pas indispensable. Enfin, on cherche à réduire le partage au maximum, voire à le supprimer.

Pour partager, il faut se connaître, être en relation – dont la définition pourrait être « passer du temps ensemble » –. Ensuite, il faut vérifier que l'on a des objectifs communs, puis partager les informations, harmoniser la compréhension des enjeux par les uns et les autres, échanger sur les difficultés, etc. Et pendant ce temps-là, mon travail n'avance pas. L'une des grandes difficultés du travail en équipe est que l'on ne se donne pas le temps nécessaire pour le faire fonctionner. C'est l'un des paradoxes de l'entreprise qui insiste sur le travail en équipe et qui, dans le même temps, ne laisse pas le temps à l'équipe d'exister. C'est-à-dire du temps informel pour créer des relations, du temps d'échange, du temps de compréhension mutuelle. Tout ce temps n'est pas directement productif ; c'est pourquoi les consultants en organisation et les spécialistes des process expliquent que l'on peut s'en passer.

Être discipliné

Dès qu'il y a du collectif, il faut de la discipline. Dès que l'on parle de discipline, le manager français sent l'allergie poindre. C'est l'une des caractéristiques culturelles que les autres Européens nous signalent et qu'ils ont parfois du mal à supporter. Partager, c'est d'abord s'imposer des règles qui vont à l'encontre de la liberté individuelle. L'exemplarité des dirigeants est essentielle pour qu'elles soient appliquées. Mais elle n'est pas toujours présente. On a tendance à considérer que ceux qui font des choses importantes n'ont pas à se soumettre aux règles du groupe : il est normal qu'ils arrivent en retard aux réunions ou simplement qu'ils n'y viennent pas car ils ont des choses plus importantes à faire. Dès lors, tous ceux qui veulent paraître importants le montrent en dérogeant au fonctionnement collectif.

Être attentif aux autres et accepter les différences

Partager, mais avec qui ? Avec les autres, évidemment. Encore faut-il être suffisamment attentif à leurs attentes et à leurs modes de fonctionnement pour savoir quoi partager et à quel moment. Ce délicat équilibre à trouver et à maintenir entre les attentes des uns et des autres doit pouvoir permettre de préserver l'intérêt de tous. Dans le travail en équipe comme dans le travail individuel, l'un des principaux enjeux est de faire en sorte que chacun y trouve un réel intérêt et ne le fait pas seulement par obligation. On a tous en tête des réunions où l'un des participants, emporté par son sujet, entre dans des détails qui n'intéressent personne. L'attention se relâche, les uns et les autres ont le sentiment de perdre leur temps et, selon les codes internes à l'entreprise, font autre chose (regardent leurs mails, jouent avec leur agenda électronique ou leur téléphone,...) ou pensent à autre chose. Il arrive parfois que celui qui provoque cette réaction soit le manager lui-même.

Cette nécessaire ouverture aux autres nous les fait découvrir différents de ce que nous sommes. La différence est parfois dérangeante et difficile à accepter. Elle induit des comparaisons plus ou moins valorisantes et, dans un cas comme dans l'autre, la réaction de rejet est souvent la plus facile. Pour partager, il faut chercher chez autrui les complémentarités avec soi-même. Qu'est-ce qu'ils ont que je n'ai pas et qui va m'apporter quelque chose ? Cet état d'esprit doit être développé très tôt.

Les pièges qui vont à l'encontre du partage

Émulation ou rivalité, l'ambivalence de l'entreprise ?

Sous le prétexte de la saine émulation qui donne envie de se dépasser pour faire mieux que les autres, en fait, l'entreprise structure des relations basées sur la rivalité. Rivalité, donc enjeu de faire mieux que l'autre, et souvent essayer de faire en sorte qu'il fasse moins bien que soi. D'ici à jouer un jeu personnel qui consiste à ne pas passer les informations et à faire les choses en solitaire, il n'y a qu'un petit pas souvent franchi.

La difficulté de mettre en œuvre le partage ne vient pas seulement d'une opposition entre un mouvement d'individualisme et une nécessité pour l'entreprise de s'appuyer plus sur des équipes que des individus. L'entreprise elle-même exprime une ambivalence à l'égard de ce comportement que pourtant elle promeut.

D'un côté, le mode d'évaluation des sujets qui repose principalement sur la différenciation de leur performance. Le rituel est maintenant bien installé, chacun a des objectifs propres qui sont fixés puis évalués tous les ans. Ces objectifs sont définis de façon à pousser l'individu à se dépasser, ils sont en général légèrement en hausse d'une année sur l'autre. Pour les atteindre, le salarié doit s'y consacrer pleinement, déployer toute son énergie tout au long de l'année en restant focalisé. Tout écart est évidemment pénalisant. Or, le partage n'est jamais un critère de premier plan car par définition toute activité qui repose sur le partage dépend de plusieurs individus et se prête mal à l'évaluation de la performance individuelle.

De l'autre, des organisations qui visent à casser les territoires. Les systèmes de type matriciel à reportings multiples ne peuvent fonctionner que sur une mise en œuvre active du comportement de partage. Les collaborateurs sont appréciés de façon plus informelle, plus intuitive sur leur capacité à échanger avec les autres. Cette impression qu'ils laissent sera déterminante.

Entre ces deux modes d'évaluation contradictoires le salarié choisit le plus « payant » : c'est-à-dire celui qui est chiffrable et mesurable. C'est donc le partage qui sera sacrifié (Voir *N'obéissez plus !*).

Les compétences pour partager

L'empathie

C'est la compétence qui nous permet de comprendre les autres en ne se limitant pas à ce qu'ils pensent mais en considérant aussi à ce qu'ils ressentent. Cette compétence passe par le développement du comportement d'observation (*op. cit.*), et donc nécessite d'acquérir des grilles d'observation. Elle s'appuie aussi sur des techniques d'échanges qui utilisent de façon systématique le questionnement et la reformulation. **Être empathique, c'est comprendre le système de représentations de son interlocuteur et pouvoir ainsi percevoir ses émotions.**

L'assertivité

Nous avons déjà cité cette compétence dans le chapitre sur le comportement de hiérarchisation. **C'est une compétence relationnelle qui nous permet de dire ce qu'on a à dire aux autres sans les agresser.** Pour partager, il faut pouvoir exprimer ses désaccords sans qu'ils ne se transforment en conflit. C'est-à-dire les circonscrire, les dépersonnaliser, montrer que l'on a compris la position de l'autre, s'orienter vers des voies de compromis, etc. L'assertivité apprend aussi à s'exprimer, y compris lorsque l'on est dans une relation hiérarchique et en désaccord. L'assertivité aide à formuler des demandes et des refus qui montrent à l'autre que l'on tient compte de lui mais qui en même temps permettent d'exprimer sa propre position.

Partager en pratique

Représentations qui vont à l'encontre du partage

- Ça va plus vite si je le fais tout seul
- Ça ne sert à rien d'essayer de comprendre ce que font les autres si je ne suis pas du métier
- Si chacun faisait bien son travail, il n'y aurait pas de problème d'équipe
- Lorsque je demande quelque chose à quelqu'un, il est inacceptable qu'il ne le fasse pas
- Je n'ai pas à être aimable, je suis professionnel un point c'est tout
- Ça ne sert à rien de partager car on n'en est jamais récompensé
- Si je commence à partager, je ne sais pas où ça va s'arrêter
- Les autres n'ont rien à savoir de moi

Émotions qui vont à l'encontre du partage

- Le désintérêt pour les autres
- L'envie d'être le meilleur
- La peur de perdre son temps
- La préoccupation d'être focalisé sur ses propres objectifs
- La peur des autres

Représentations qui favorisent le partage

- On a besoin des autres pour faire correctement son travail

- Rien ne peut se faire seul dans une entreprise
- Le travail en équipe permet de faire jouer la solidarité
- Si l'on joue en solo, ça se retournera contre nous un jour ou l'autre
- On gagne beaucoup de temps si les autres ont envie de travailler avec nous
- On a toujours à apprendre des autres
- La convivialité c'est bon pour le moral

Émotions qui favorisent le partage

- Le plaisir de la convivialité
- Le plaisir d'échanger
- Le plaisir de transmettre
- L'envie de réussir ensemble
- La stimulation de réfléchir à plusieurs
- La sérénité de se sentir soutenu

Manières de faire

- Questionnez les autres sur eux-mêmes et sur ce qu'il font
- Prenez du temps pour la convivialité
- Parlez un peu de vous
- Questionnez-vous sur ce dont ont besoin les autres
- Respectez les règles de l'équipe
- Soyez vigilant à transmettre les informations aux autres
- Gardez du temps afin d'être disponible pour les autres
- Exprimez vos désaccords en montrant votre souci de trouver un compromis

Négocier

Tout se négocie dans l'entreprise. Ici encore c'est l'une des conséquences de l'individualisme. Les règles peuvent toujours être revues à l'aune de la spécificité du contexte ou des situations individuelles. Afin de prendre en compte les particularités des uns et des autres, on déroge aux règles pour maintenir motivation et envie de contribuer à l'entreprise. La mère de famille obtiendra ainsi des horaires lui permettant de voir ses enfants le soir, celui qui se déplace souvent obtiendra de travailler chez lui de temps en temps, celui qui habite loin des horaires décalés et un téléphone mobile, etc. Mais la négociation ne concerne pas seulement les conditions de travail ou de rémunération, elle est devenue le mode relationnel généralisé dans toute l'entreprise. On négocie les délais avec un fournisseur interne, on négocie les prix avec un client interne, on négocie avec ses collaborateurs, ses managers et ses collègues. Tout se négocie en permanence. Celui qui attend que les choses viennent d'elles-mêmes risque d'être très déçu, voire de se sentir exploité. Car la négociation est admise comme étant le fonctionnement interne normal. Plus encore, dans un système organisationnel qui repose sur la contribution des salariés, la négociation devient le comportement indispensable à une bonne qualité relationnelle. Car négocier c'est échanger sur des points de vue qui sont différents pour chercher à les rapprocher. En externe, depuis longtemps déjà, la négociation est la règle. Le piège est que derrière le même mot, il ne doit pas y avoir le même état d'esprit (la même représentation).

La grande difficulté de ce comportement repose sur le fait que traditionnellement la négociation s'inscrit dans un rapport de force. Elle est avant tout commerciale et se joue sur un rapport de force implicite dont l'enjeu est d'obtenir le maximum de l'autre en concédant soi-même le minimum. La négociation interne est tout autre. Si rapport le force il y a, il s'agit précisément de le dépasser pour trouver des formes de conclusions qui préservent avant tout la qualité relationnelle. Cette négociation-là comporte plusieurs dimensions. La première, qui est en amont de la négociation, est de challenger ; la seconde qui est en aval, est de savoir résister aux pressions et de garder le cap.

Ce comportement définit un style d'interaction avec les autres qui repose sur une exigence de compréhension et de cohérence, sur la conviction de l'importance de faire valoir son point de vue et sur la nécessité de trouver des solutions intermédiaires entre les attentes des uns et des autres dans le cadre d'un intérêt commun.

Négocier au quotidien

Challenger

Avant de négocier – et plus encore de résister –, il est utile de challenger son interlocuteur. C'est-à-dire le pousser dans ses retranchements pour comprendre la logique de son raisonnement et de son fonctionnement. C'est bien les représentations de son interlocuteur qu'il s'agit de saisir. Puis, en poussant ses questions, et en reformulant les propos, on va tester la représentation. Cela consiste à inviter son interlocuteur à la confronter à sa propre vision de la réalité et à sonder son niveau de croyance dans sa représentation. En somme, on le conduit à répondre à la question : « Jusqu'où est-ce que ce que je pense est vrai ? »

« De toutes les façons, il n'est pas question que tu n'aies pas les mêmes horaires que les autres.

– Ah bon, pourquoi ?
– Parce que si on veut que l'équipe puisse fonctionner, il faut que ses membres soient présents en même temps au bureau. »

La représentation du manager est clairement exprimée. Il s'agit maintenant pour son collaborateur de le conduire à s'interroger dessus.

« C'est vrai que pour travailler ensemble il faut pouvoir être ensemble, mais est-ce que cela suppose une disponibilité permanente des uns vis-à-vis des autres ?
– Bien sûr que non. Mais il n'y a rien de plus agaçant quand on cherche quelqu'un qu'on vous réponde qu'il est parti à droite ou à gauche. Déjà qu'avec toutes les réunions ce n'est pas simple mais si en plus les gens commencent à arriver et à repartir quand ils veulent, alors là, on ne va plus jamais se trouver.
– Donc ce que tu me dis, c'est qu'il faut que l'on puisse se trouver les uns les autres quand on en a besoin. Mais est-ce que ça doit être immédiat ?
– Non, ce qui me paraît raisonnable c'est de pouvoir se joindre dans la demi-journée, mais je te vois venir, tu vas me dire que tu peux partir plus tôt car tu seras joignable dans la demi-journée. »

Le manager voit sa représentation évoluer et dans le même temps, il se rend compte que cela pourrait le conduire à changer sa position initiale. Il répond alors à une logique de prestance (ne pas changer d'avis face à ses collaborateurs) qui pourrait le bloquer, il peut aussi se sentir manipulé. L'enjeu pour le collaborateur est de désamorcer cette réaction pour recadrer sur le sujet principal : comment travailler en équipe compte tenu de la multiplicité des activités des uns et des autres et, éventuellement, d'horaires différents.

« Je ne cherche pas à te piéger et je suis autant préoccupé que toi par le fait qu'on puisse travailler ensemble. Comme tu le sais, j'ai une nouvelle contrainte familiale et j'essaie d'explorer avec toi dans quelle mesure y répondre est incompatible avec le travail collectif.
– Pour moi ce qui est clair, c'est qu'on a déjà beaucoup de mal à travailler ensemble et que je ne veux pas de systèmes qui compliquent encore les choses.
– Comment pourrait-on les simplifier ?
– Je ne sais pas mais peut-être que si nous avions un horaire dans la journée au cours duquel la règle serait d'être disponible pour les autres et que tous le respectent, on aurait déjà fait un grand pas en avant. »

Challenger consiste à faire avancer l'autre sur ce qu'il pense par les questions qu'on lui pose. Comme nous venons de le voir dans cet exemple, le risque est qu'il s'agace de ces questions ou pire qu'il se sente manipulé. C'est pourquoi celui qui challenge doit être explicite sur ses intentions.

Cependant, comme dans tous les échanges, c'est la qualité de la relation qui est déterminante.

Cet exercice, qui permet de frotter les représentations les unes aux autres, facilite la compréhension entre les interlocuteurs. Mais il est exigeant car il oblige les différents acteurs à aller au-delà de positions de principes, à justifier leur avis, voire à les faire évoluer.

Négocier

Les ouvrages ne manquent pas qui décrivent les techniques de négociation. Notre propos ici est de décrire les composants du comportement de négociation. Il ne vise pas nécessairement à obtenir le maximum de l'autre à son propre profit, mais plutôt à trouver le meilleur compromis dans l'intérêt de la structure qui abrite les deux protagonistes. En effet, ne perdons pas de vue que nous sommes en interne dans l'entreprise. Le cadre de la négociation doit donc toujours se référer à la stratégie de l'entreprise et ses intérêts.

Comprendre

La négociation est beaucoup plus facile lorsqu'on a compris le schéma directeur de son interlocuteur. Quelles sont ses priorités et ses intentions, sur quoi ne sera-t-il pas prêt à céder ? C'est une bonne base de départ. Le piège est l'attitude psychologique projective qui consiste à attribuer à l'autre ses propres priorités ou intentions : « De toutes les façons, je sais très bien ce qu'il veut, … » On s'accroche à ses propres certitudes ou stéréotypes et l'on ne comprend les représentations de l'autre.

S'interroger sur soi

Une négociation induit un point de rupture qui provoque… une émotion. Notre attitude par rapport au point de rupture dépendra en grande partie de l'émotion que cela nous provoquera. Les commerciaux le savent bien qui cherchent à percevoir l'émotion chez leur interlocuteur et qui la font monter par exemple en insistant sur le risque à ne pas se décider tout de suite. Comme pour décider, bien négocier suppose d'identifier les émotions que nous provoque la négociation et surtout le risque qu'elle n'aboutisse pas. N'oublions pas qu'une émotion non identifiée guide nos comportements à notre insu.

Gérer l'incertitude

Ensuite, la principale composante à gérer dans une négociation est celle du temps. Il faut savoir prendre son temps pour réfléchir sans être sous la pression de l'autre. Réfléchir à trouver d'autres voies que celle de la confrontation frontale. L'une des choses les plus difficiles à vivre pour les managers pendant cette période est l'incertitude. Les managers ont horreur de ne pas avoir de plan d'action immédiat. Le temps de recherche pendant lequel on n'a pas encore la solution est souvent très anxiogène pour eux car il ne permet pas de s'immerger dans l'action.

Prendre son temps, prendre du recul, réfléchir sans être sous pression, attendre que son interlocuteur progresse lui-même, accepter d'avancer par petites étapes et enfin parfois se décider très vite, suppose un entraînement à la gestion de ses propres émotions qui est à développer toute sa vie.

Résister et faire appliquer

Nous ne sommes pas dans un monde idéal où toute négociation aboutirait à la satisfaction des uns et des autres. De plus, la complexité des organisations fait qu'il est souvent difficile de trouver des solutions qui conviennent à des entités dont la convergence d'intérêt n'est pas d'emblée évidente. Ici encore, les organisations matricielles ont tendance à structurer la divergence des intérêts. Comme pour le comportement de hiérarchisation, il est important de savoir refuser. Et surtout tenir son refus face à des pressions qui se font de plus en plus explicites, voire menaçantes (attention pour autant à ne pas confondre persévérance et rigidité). Là encore, c'est la forme qui compte. Celui qui le fait de façon agressive et donne le sentiment à son interlocuteur qu'il ne tient pas compte de lui va susciter des réactions de rejet qui peuvent conduire au conflit.

Nous avons longuement développé dans *N'obéissez plus !* la nécessité pour la performance de l'entreprise d'avoir des collaborateurs qui, ayant réfléchi aux sujets sur lesquels ils sont sollicités, défendent leur point de vue avant de chercher à obéir à leurs chefs. Cette valeur ajoutée de réflexion s'accompagne de débats et de résistance des collaborateurs.

L'autre piège de la fin d'une négociation réside dans les modalités d'application de ses conclusions. On voit fréquemment l'une des parties insatisfaite qui ne tient pas compte des conclusions. Résister consiste aussi à assurer le suivi et à rester ferme sur l'application des termes de la négociation.

Les compétences pour négocier

Savoir demander

Le monde appartient à ceux qui demandent. C'est une évidence : ceux qui savent, qui osent demander obtiennent beaucoup plus que les autres. Et pourtant, l'éducation n'apprend pas à demander et bien souvent elle apprend même à ne pas demander.

La première étape pour négocier, c'est de demander. Beaucoup n'osent pas pour différentes raisons : « Ça va le gêner, ça va créer des problèmes, il va me dire non, c'est à lui de me proposer, ce n'est pas poli de demander,… » En fait, souvent, demander leur provoque une émotion intense et ils n'ont pas la technique de base pour formuler leur requête. C'est encore aux techniques d'assertivité qu'il faut faire appel après avoir changé sa représentation. Elles nous apprennent à trouver la bonne forme pour exprimer une demande et à accepter que toute demande ne soit pas suivie d'une réponse positive.

La créativité

On ne sait jamais au départ vers quoi va aboutir une négociation. Une négociation est une rencontre, une relation au cours de laquelle les protagonistes devraient mieux se comprendre. Il ne s'agit pas de contraindre l'autre mais d'aller avec lui quelque part. C'est ce « quelque part » qui est à imaginer et à trouver. Pour cela, il est nécessaire de prendre du temps et du recul et d'utiliser une méthode de créativité. Le piège habituel consiste à essayer de reproduire ce qui a déjà été fait. On peut apprendre des méthodes de créativité et développer ses capacités à trouver de nouvelles idées.

L'équilibre entre ses exigences et le compromis

Rappelons-le, le comportement de négociation qui s'applique en interne dans l'entreprise ne répond pas aux mêmes exigences que la vision caricaturale de la négociation de business. Dans un cas, il s'agit d'obtenir le maximum, dans l'autre de structurer une relation durable. Il est plus simple d'être dans une attitude globale, univoque, que dans une attitude tout en nuance et en équilibre. Cet équilibre, est-ce une compétence qui s'apprend ? Il repose sur, d'une part la compréhension de l'autre, d'autre part ses propres exigences pour soi-même, sa vision et son équipe et enfin, sur l'intérêt de l'entreprise à travers sa vision stratégique.

Comprendre l'autre répond à la compétence déjà décrite qu'est l'empathie, mettre en avant ses exigences suppose de savoir demander, et enfin prendre en compte l'intérêt de l'entreprise répond au comportement de hiérarchisation.

Trouver cet équilibre est donc une compétence complexe qui fait intervenir plusieurs comportements et qui les combine.

Négocier au cours de la vie professionnelle

Comme jeune expert

Le jeune expert n'est pas formé du tout à la négociation. Il est au contraire encouragé à une certaine soumission. Ce qui lui est demandé le plus souvent, c'est d'apprendre un métier puis de le faire conformément à ce qu'on lui demande. Pourtant, celui qui sait négocier commence par demander des explications sur le sens de ce qu'on lui demande et des précisions tant qu'il n'a pas compris. Dès lors, il fait son travail de façon très différente car il est totalement en phase avec son manager. Lorsqu'il est en surcharge, il challenge sur les priorités. Lorsque les demandes fusent de toutes parts, il sait refuser ou reporter la demande.

Comme manager

La négociation est au cœur de la fonction managériale qui consiste à assurer l'interface entre son équipe et le reste de l'entreprise. Chacun a ses priorités et ses objectifs et cherche à obtenir des autres qu'ils lui permettent de les réaliser. Le manager doit prendre en compte ces différentes contraintes et négocier. De même, au sein de son équipe, les intérêts sont parfois contradictoires et les tensions relationnelles présentes ; c'est en négociant avec les membres de l'équipe qu'il pourra garder la cohésion et la motivation individuelle.

Comme dirigeant

Le dirigeant doit veiller à maintenir un fort niveau de cohésion dans l'entreprise qui est l'objet de forces contradictoires et de rivalités importantes. Cela suppose d'une part qu'il veille à ce que la stratégie soit bien comprise à tous les niveaux et d'autre part qu'il impose la négociation comme mode relationnel partout dans l'entreprise. Pour ce second point, cela passe principalement par sa capacité d'exemplarité. De plus, il joue un rôle d'interface important avec l'extérieur. Là encore son comportement de négociation sera sollicité en permanence.

Négocier en pratique

Représentations qui vont à l'encontre de la négociation

- Si je ne suis pas d'accord, ça va créer des complications
- Il ne faut pas gêner l'autre en lui posant des questions
- Je dois toujours obéir à un supérieur hiérarchique
- Je n'ai pas besoin de comprendre pourquoi on me demande quelque chose
- Ce qui compte avant tout, c'est de bien s'entendre avec tout le monde
- Les gens qui discutent créent des problèmes à l'équipe
- Il faut faire pour tout le monde pareil, sinon ça crée des inégalités

Émotions qui vont à l'encontre de la négociation

- La peur de la réaction de l'autre
- La peur de gêner, de déranger ou de déplaire
- La peur des désaccords
- L'anxiété de ne pas trouver de solution
- L'envie d'harmonie

Représentations qui favorisent la négociation

- Il est normal que les autres ne soient pas d'accord avec moi, ça n'empêche pas de trouver un compromis
- Dans une collectivité, les désaccords doivent s'exprimer et être l'objet de discussions

- Lorsqu'on cherche on peut toujours trouver des solutions de compromis
- Imposer est la solution de facilité lorsqu'on est en position hiérarchique, négocier permet de maintenir un bon niveau de motivation
- L'important n'est pas de savoir qui a raison mais ce qui est acceptable par tous dans l'intérêt de l'entreprise
- Si je ne fais pas valoir mon point de vue, je vais me démotiver

Émotions qui favorisent ce comportement

- La satisfaction du compromis
- Le plaisir de la solution innovante
- L'envie de rester impliqué
- La préoccupation de maintenir la motivation de tous
- Le plaisir de l'échange

Manières de faire

- Ne donnez pas immédiatement votre accord lorsque vous êtes sollicité
- Questionnez et reformulez ce que dit votre interlocuteur
- Poussez votre interlocuteur dans ses retranchements pour comprendre sa logique de fonctionnement
- Référez-vous à l'intérêt de l'entreprise et à sa stratégie
- Proposez de nouvelles voies de solution
- Montrez que vous prenez en compte les contraintes de l'autre
- Exprimez vos désaccords
- Montrez-vous exigeant pour comprendre le sens des demandes qui vous sont faites

Prendre du recul

Nous avons tous en tête l'entrée dans le nouveau millénaire et l'euphorie économique qui était alors présente. Beaucoup de grands groupes partout dans le monde ont cru au nouveau modèle économique qui reposait sur Internet et n'avait plus besoin de se référer aux règles de l'ancien. Tous ces groupes ou presque ont perdu beaucoup d'argent. À leur tête, de grands patrons qui avaient parfaitement réussi dans d'autres domaines. Ce qui leur a manqué le plus par rapport à la frénésie collective ? La capacité à prendre du recul.

Presque tous les secteurs de l'économie à un moment ou à un autre font preuve d'un manque de recul redoutable. Prenons l'exemple des télécoms. La plupart des opérateurs se sont laissés embarquer dans une frénésie d'achat à des prix qui rendaient leurs investissements non rentables. Vu de l'extérieur, l'impression dominante était que la rivalité l'emportait sur la logique industrielle. Les exemples similaires ne manquent pas, que ce soit dans l'immobilier, les activités financières, le luxe, etc.

Le comportement de prise de recul est principalement lié à la capacité de s'extraire d'une situation pour s'interroger sur ce qu'on fait, comment on le fait et les conséquences à poursuivre ainsi. Il doit permettre de sortir des cadres de réflexion que l'on s'impose implicitement pour ouvrir vers la créativité.

Prendre du recul au quotidien

Aller à l'encontre de l'engagement psychologique

La prise de recul vient à l'opposé du mécanisme psychologique de l'engagement. Nous avons tous tendance à persévérer dans les actions que nous entreprenons. Ainsi, si nous faisons un choix dans un sens, par exemple dans notre manière d'investir notre argent, nous aurons tendance à continuer dans ce même sens. Et ce même si le choix initial ne fournit pas les résultats attendus.

À partir du moment où nous avons fait un choix, nous avons besoin de nous conforter dans l'idée que c'est le bon. Pour cela, nous sélectionnons les informations qui vont dans le même sens et nous ignorons les autres. Le comportement de prise de recul va à l'encontre de cette attitude.

Il repose sur un re-questionnement de ce qui pouvait paraître comme une évidence quelque temps auparavant.

L'engagement psychologique concerne aussi des groupes d'individus. Sur le plan d'un groupe, il permet d'éviter les remises en cause des décisions et des actions. Il permet surtout de retarder le changement.

L'arrêt du mouvement permet de questionner l'actuel et de préparer un nouvel élan. Ce qui fait de la prise de recul un comportement promoteur de la créativité, du changement et de la remise en mouvement.

L'entreprise est prise par la nécessité de faire cohabiter ces deux forces opposées. Elle tente par tous les moyens de motiver collectivement ses troupes pour qu'elles s'engagent avec enthousiasme dans la stratégie qu'elle a choisie. Mais elle a aussi besoin que chacun prenne du recul et se remette en cause pour se réajuster en permanence aux évolutions de l'environnement.

Réguler son enthousiasme et identifier ses émotions

Plus l'enthousiasme est intense, moins la capacité à prendre du recul est présente. De même que l'amour rend aveugle, de même l'enthousiasme excessif met des œillères à celui qui le ressent. Ce qui est vrai pour l'enthousiasme l'est pour toute émotion. On peut même dire que la taille des œillères est proportionnelle à l'intensité de l'émotion. Un excès de méfiance à l'égard d'un collaborateur ou d'un fournisseur peut conduire à s'imaginer des choses sur eux qui n'ont rien à voir avec la réalité. L'une des principales difficultés à la prise de recul est donc ce que nous ressentons. Les émotions doivent être utilisées comme des états d'alerte qui nous conduisent à exercer notre vigilance sur nous-mêmes.

Résister à la force du collectif pour créer

Le mécanisme de l'engagement psychologique est aussi bien individuel que collectif. Celui-ci agit alors comme un puissant courant qui rend difficile la remise en cause des décisions, des actions et tout changement de cap. On peut le constater dans les mouvements nationalistes ou plus encore religieux. Dans cette situation, celui qui prend du recul n'a plus seulement à se distancer de ses propres émotions mais aussi des ressentis, des opinions et des attitudes de l'environnement. Au moins intellectuellement, il se marginalise par rapport aux autres. L'état des opinions publiques avant la guerre du Golfe était, de ce point de vue, illustrant. D'un côté, l'opinion américaine, qui sincèrement était persuadée de la présence d'armes de destruction massive en Irak et du lien entre Saddam Hussein et al-Qaida. Pour elle, la guerre allait apporter plus de démocratie et donc d'équilibre dans le monde. De l'autre, une grande partie de l'opinion européenne persuadée du contraire. Peu importe qui avait raison, ce qui était frappant c'est que d'un côté comme de l'autre, ceux qui défendaient une opinion contraire ne pouvaient pas être entendus, ils étaient rejetés globalement.

La prise de recul qui conduit à la créativité relève donc d'un double mouvement de distanciation d'abord par rapport à soi-même ensuite par rapport aux autres. À l'extrême, on trouve l'image de l'artiste marginalisé, parfois au point de ne pas être compris de ses contemporains. Il ne relâche jamais sa quête de créativité, remettant toujours en cause la dernière œuvre pour élaborer la suivante. C'est cette insatisfaction jamais comblée qui lui permet de continuer à chercher à aller toujours plus loin.

Être vieux et jeune à la fois

Le paradoxe de ce comportement est que si la prise de recul est plus l'apanage de l'âge, en revanche la créativité est plutôt celui de la jeunesse.

L'âge permet plus facilement de se distancier, de descendre du vélo pour s'interroger sur sa manière de pédaler. Certains appellent cela la sagesse qui consiste à se questionner sur ce qu'on pense, ce qu'on fait et sur le monde qui nous entoure. La sagesse est associée à la maturité, chacun accède à la capacité à prendre du recul au fil des ans. Cependant, naturellement à mesure de l'avancée en âge, le champ des possibles se restreint, ce qui conduit l'individu âgé à s'enfermer dans le connu. Fort de son expérience, il se convainc assez facilement que le futur se décalque sur le passé. C'est l'une des raisons qui a suscité la vague de jeunisme dans les entreprises, qui conduisait à considérer comme vieux toute personne ayant dépassé cinquante ans. Comme si l'esprit d'initiative était réservé à ceux qui n'avaient pas dépasser ce cap.

À l'inverse, si la jeunesse a du mal à s'arrêter pour prendre du recul, elle ose plus facilement sortir des cadres pour imaginer du neuf. Elle a même une réelle appétence pour la nouveauté, probablement parce que pour se construire une identité elle a besoin de se différencier de la génération qui l'a précédée. Souvent ce goût pour la nouveauté se fait de façon spontanée, presque impulsive, dans l'action. L'idée fuse et elle est mise en application tout de suite. C'est d'ailleurs l'un des mécanismes des bêtises que font les enfants. Il leur vient une idée qui est tout de suite mise en acte. « Qu'est-ce qui a bien pu te passer par la tête ? » s'étonne le parent qui s'en aperçoit. Le mécanisme de créativité de la jeunesse semble s'enclencher naturellement.

Le risque est évidemment de considérer que ces deux phénomènes créativité / jeunesse, prise de recul / âge s'appliquent de façon uniforme à tous les individus en fonction de leur âge. Ces deux capacités se cultivent à tout âge.

La prise de recul, qui combine prise de distance et créativité, est une forme de synthèse des deux tendances extrêmes de la vie.

L'action : le lexomil du manager

L'une des plus grandes difficultés de la prise de recul est de consacrer du temps à ne pas agir. Le syndrome de l'urgence décrit par de nombreux auteurs est en fait plus un syndrome de l'action. Tous, dans l'entreprise moderne, sont programmés pour agir. Vite si possible, c'est-à-dire sans prendre de temps de réflexion. C'est presque devenu une seconde nature chez les managers qui dès leurs débuts professionnels ont été conditionnés sur ce mode de fonctionnement. Plus encore : l'action calme l'anxiété du manager. Faites-en l'expérience en mettant un manager devant un cas difficile, inhabituel ; presque toujours il va chercher un plan d'action. Nous avons fait ce constat des centaines de fois lors de séminaires de formation. Dès que le manager est en difficulté, sa question réflexe est : « Qu'est-ce qu'on fait ? » Dès lors, non seulement la prise de recul n'est pas facile à mettre en œuvre mais cela le prive de son anxiolytique préféré : l'action.

Les compétences de la prise de recul

Prendre du recul relève de la capacité à se distancier dans un premier temps, pour s'interroger ce qui conduit à chercher (et parfois à trouver) de nouvelles idées pour enfin les confronter de retour au plus proche de la réalité. C'est donc un mouvement, une sorte de voyage, qui doit éloigner pour revenir différent. Examinons de plus près ces trois étapes.

Se distancier

Cela suppose d'abord d'avoir la disponibilité de temps et d'esprit pour le faire. Le temps peut se programmer, chacun, en théorie, pourrait dégager des plages de temps pour prendre de la distance, à condition d'être convaincu que c'est utile. Encore faut-il savoir comment l'utiliser.

C'est d'abord par rapport à soi qu'il faut apprendre à se distancier. Comme nous l'avons écrit tout au long de ces pages, ce sont nos émotions qui nous font adhérer aux événements. La première compétence pour prendre du recul concerne donc cette capacité à identifier ses émotions pour pouvoir s'en distancier.

L'étape suivante pour se distancier est d'avoir recours à des tiers. En l'occurrence, ce sont eux qui doivent développer la compétence pour aider leur interlocuteur à se distancier. On peut différencier deux types d'interlocuteurs : les premiers que nous appellerons les candides sont les non-professionnels de ce type d'échange et les seconds dont c'est le métier, notamment les consultants.

Le candide nous sert à exposer ce que nous faisons. La mise en mots produit cet effet de prise de distance, l'exercice de description et d'explication favorise la vue d'ensemble et la clarification. Par ses questions qui remettent en cause ce qui nous semblait évident, le candide nous pousse à aller au bout de nos logiques pour nous conduire à les réévaluer. L'enjeu pour le candide est de rester sur le terrain de son interlocuteur, ce qui signifie qu'il n'avance pas ses propres arguments et ne donne pas son avis. Sa compétence est d'être un miroir avec différentes lentilles pour agrandir certains point et ensuite installer le grand angle pour mettre en perspective. Le manager doit régulièrement jouer le rôle du candide auprès de son collaborateur et vice versa.

Le consultant, lui, apporte de nouvelles grilles de lecture. En les appliquant à la réalité de l'entreprise, elles permettent de voir les choses autrement, de mettre des mots sur des dysfonctionnements perçus intuitivement mais pas nécessairement compris. En changeant d'angle de vue, le regard s'enrichit ; en apportant des référentiels théoriques qui s'appliquent au contexte, on facilite la réflexion. Ici encore le consultant doit rester dans un rôle où il est au service de son interlocuteur, c'est-à-dire qu'il doit lui transmettre les grilles de lecture plutôt que les appliquer en tant qu'expert.

Pour se distancier, il est donc indispensable d'avoir du temps et des tiers qui ont soit la fonction de révélateur de sa propre pensée soit celle d'apporter un éclairage nouveau.

Créer

Cela commence par ce délicieux moment où tout est permis. Tout est imaginable, il faut déconstruire pour rêver autre chose autrement. Nous n'allons pas ici décrire les étapes d'un processus de créativité, cela a déjà été fait dans de nombreux ouvrages. Retenons simplement qu'ici encore il est utile d'être plusieurs car l'émulation et le rebondissement des idées des uns sur les autres sont deux procédés très féconds. Le principal frein de cette étape est de s'autoriser dans un premier temps à sortir du cadre implicite jalonné par les évidences communes. Le frein principal est souvent la représentation selon laquelle il ne sert à rien de remettre en cause ce qui s'est imposé comme une évidence et que l'on perd son temps. Les principaux obstacles à cette étape sont justement la perte de temps et la perte de contrôle. On ne sait pas bien combien de temps ça va prendre et pendant ce temps on va perdre la maîtrise puisque par définition, on ne sait pas où l'on va.

L'application d'une méthode de créativité donne un cadre qui aide à suivre correctement les étapes sans les brûler.

Innover

C'est évidemment l'une des premières finalités de la prise de recul. Le processus d'innovation qui vient après la distanciation et la créativité, suppose une compétence très spécifique qui est d'associer l'ensemble des intervenants tant dans l'élaboration que dans la mise en application. Sans reprendre toute la méthodologie de l'innovation, rappelons-en deux principes qui nous paraissent importants. Le premier est d'inscrire l'innovation comme un processus permanent et non pas par périodes de changement souvent associées à l'arrivée d'un nouveau manager. Le second est de centrer l'innovation d'abord et avant tout sur des petits changements plutôt que sur des changements radicaux.

La prise de recul au cours de la vie professionnelle

Ce comportement est d'abord attendu en haut de la chaîne hiérarchique. Mais il trouve sa place à tous les niveaux : l'expert sur son travail, le manager sur son équipe et le dirigeant sur l'entreprise.

L'expert

Il est par essence dans le métier de l'action et du faire. C'est de lui que l'on attend que les objectifs de réalisation soient atteints, il est là pour délivrer. Pour autant, la prise de recul est tout de même très importante car c'est sur lui que repose en grande partie la politique d'innovation de l'entreprise. S'il n'a pas des temps de prise de recul pour s'interroger sur l'amélioration des process qu'il utilise, il s'enferme dans la reproduction.

Le manager

Il est en charge de l'adaptabilité des équipes et de leur créativité. Par essence, le manager est toujours en alerte pour s'interroger sur le fonctionnement actuel de ses équipes et les voies d'amélioration. La prise de recul lui est indispensable pour observer, pour comprendre ce qu'il se passe dans son équipe, puis pour remettre en cause, pousser à susciter l'innovation. La prise de recul lui sert aussi à mettre en perspective ce qui est fait pour lui donner du sens.

Le dirigeant

Son recul, à lui, est sur l'ensemble de l'entreprise. C'est évidemment la base de la fonction stratégique. Mais aussi de l'organisation de l'entreprise. En s'interrogeant sur la cohérence entre la stratégie, l'organisation et les comportements, il réalise qu'il y a toujours à changer, à améliorer. Vis-à-vis de l'externe, il doit prendre du recul par rapport aux mouvements de mode. Il fuit les certitudes pour être en interrogation permanente quant à la stratégie de la concurrence, les mouvements de société, et ses équipes. Cette fonction de veille repose, avant tout, sur sa capacité à prendre du recul.

Prendre du recul en pratique

Représentations qui vont à l'encontre de la prise de recul

- Je dois agir vite
- On ne change pas ce qui marche
- Il faut que j'aille de l'avant
- Lorsque je n'agis pas, je perds mon temps
- Il faut que j'aille plus vite que les autres
- Ça ne sert à rien que je me « prenne la tête » en permanence, il me faut produire
- C'est dans l'action qu'on a des idées
- Si je m'arrête, les autres vont prendre de l'avance
- Prendre du recul est un luxe que je ne peux pas m'offrir

Émotions qui vont à l'encontre de la prise de recul

- La peur de perdre le contrôle
- La peur de perdre son temps
- L'envie de reconnaissance sur ce que l'on fait
- L'impatience
- Le plaisir de faire

Représentations qui alimentent la prise de recul

- Il ne faut pas se laisser submerger par l'action
- Agir enferme

- Il faut se projeter dans l'avenir pour anticiper
- Demain sera différent d'aujourd'hui
- Si je ne mets pas les choses en perspective, je me ferai déborder
- Si je ne sors pas du cadre, je ne verrai pas les évolutions essentielles
- Il faut toujours faire mieux
- C'est en descendant de son vélo qu'on peut se regarder pédaler et améliorer sa façon de le faire

Émotions qui favorisent la prise de recul

- Le plaisir à réfléchir et à chercher des idées
- Le soulagement de souffler
- L'envie de s'améliorer
- L'inquiétude de perdre ses capacités d'adaptation
- La stimulation de l'émulation intellectuelle et de la créativité

Manières de faire

- Préservez du temps sans agir
- Remettez en cause et challengez ce qui est dit et ce qui est fait
- Interrogez-vous sur ce que seront l'activité et la manière de la pratiquer dans l'avenir
- Cherchez des améliorations
- Recherchez ce qui se fait ailleurs
- Favorisez les réunions de brainstorming
- Remettez à plus tard certaines tâches

Pour aller plus loin

Cette mise en perspective permet de schématiser les huit comportements mais aussi d'en voir les limites et de faire le lien avec les qualités.

Mise en perspective des comportements

Commençons par « mettre des images » qui nous aideront à mémoriser les comportements en les caractérisant.

Comportement	But	Image
Évoluer	S'adapter	La métamorphose
Observer	Comprendre	L'œil
Hiérarchiser	Choisir	Le cap
Influencer	Impacter	La plaidoirie
Accompagner	Développer	Le guide
Partager	Travailler en équipe	Le jeu collectif
Négocier	Exister	La discussion
Prendre du recul	Créer et orienter	La photo aérienne

Comportement	Risque lié à l'excès
Évoluer	Absence de ligne directrice
Observer	Contemplation
Hiérarchiser	Manque de délégation
Influencer	Manipulation
Accompagner	Maternage
Partager	Absence de travail personnel
Négocier	Réaction de rejet des autres
Prendre du recul	Déficit d'action

Les limites des comportements

Rappelons qu'un comportement n'est jamais bon en soi. Si chacun d'eux est poussé de façon excessive, il induit des effets contraires.

S'il est donc indispensable de développer ces comportements avec leurs différentes composantes que nous avons décrites, pour autant le comportement doit en permanence s'ajuster entre le trop et le pas assez. C'est pourquoi l'essentiel est d'acquérir une aisance sur l'ensemble de ces comportements qui va permettre de savoir les utiliser lorsque c'est nécessaire sans pour autant se focaliser sur l'un ou l'autre d'entre eux sur lequel on excelle.

On voit, en effet, des managers qui se sont faits une spécialité de l'un ou l'autre des comportements et qui s'appuient dessus comme une compétence spécifique. L'un est très bon négociateur, l'autre observe très bien, le troisième est un décideur, etc.

En réalité, un comportement utilisé sans les autres ne donne pas un manager mais un expert.

De même, il suffit qu'il lui manque un seul comportement pour que le manager en ait des symptômes caractéristiques. Le tableau suivant en schématise les conséquences.

Comportement	Conséquences liées à son déficit
Évoluer	Vieillissement prématuré
Observer	Multiplier les erreurs dans la précipitation
Hiérarchiser	Se disperser, démotiver par manque de sens
Influencer	Être autoritaire et / ou inexistant
Accompagner	Engendrer du « laisser-aller », risquer de laisser se propager des erreurs, ne pas développer ses collaborateurs
Partager	Induire des comportements individualistes et des luttes de territoire
Négocier	Se mettre en conflit
Prendre du recul	N'avoir aucune créativité et aucune stratégie

Comportements et qualités

Nous sommes inégaux face au développement de ces huit comportements. De même que notre patrimoine génétique nous rend plus fragile ou plus résistant face à la maladie, de même les qualités que nous avons ou pas travaillées depuis notre enfance et en fonction de notre caractère nous prédisposent ou nous handicapent pour développer les comportements. À titre indicatif, nous en donnons des exemples dans le tableau suivant.

Comportement	Qualité qui favorise le comportement	Défaut qui va à l'encontre du comportement
Évoluer	La souplesse	Rigidité
Observer	La curiosité	Excès de confiance en soi
Hiérarchiser	La détermination	Doute permanent
Influencer	Extraverti	Introverti
Accompagner	La persévérance	La tendance au zapping
Partager	Générosité	Tendance à se mettre en rivalité
Négocier	Facilité de contact	Timidité
Prendre du recul	Créativité	Impatience

Les comportements comme base de la compétence managériale

Toutes les compétences s'appuient sur des comportements.

J'imagine que certains lecteurs s'impatientent à la fin de ce livre qui parle de management sans aborder frontalement les compétences managériales telles qu'on les entend classiquement. Quid du reporting, de la délégation, de l'animation d'équipe et de tout ce qui constitue classiquement les catalogues de formation des grandes offres que l'on trouve sur le marché ?

Nos huit comportements sont au cœur de ces compétences que nous appelons complexes car elles supposent la combinaison de plusieurs comportements.

On peut discuter de savoir si tel ou tel comportement est systématiquement impliqué dans telle ou telle compétence complexe. Et de fait, cela dépend des circonstances. Déléguer à une équipe que l'on connaît bien et en laquelle on a toute confiance, ne demande pas le même renoncement et donc la même évolution pour le manager que de déléguer à une équipe connue plus récemment. L'entraînement à la délégation doit donc commencer par un travail sur les comportements nécessaires puis les exercices pratiques se feront la manière de les combiner en fonction des particularités du contexte. C'est justement parce que ce tableau n'est pas exact dans toutes les situations, loin de là, qu'on a besoin des comportements pour favoriser l'adaptabilité.

Comportement / Compétence	Évoluer	Observer	Hiérarchiser	Influencer	Accompagner	Partager	Négocier	Prendre du recul
Conduite de réunion		+	+	+	+	+	+	
Conduite du changement	+	+			+	+	+	+
Recruter		+	+					+
Être un recours			+	+	+			+
Développer ses collaborateurs	+	+			+	+		
Décider		+	+					+
Gérer les interfaces		+	+	+			+	+
Donner du sens			+		+	+		+
Définir une stratégie	+	+	+			+		+
Gérer un conflit		+	+	+	+		+	+
Motiver		+		+	+	+		
Organiser		+	+					+
Délégation / suivi	+	+	+		+	+		

Conclusion

ELOGE DE L'INSTABILITÉ. L'image idéalisée du dirigeant est empreinte de la mythologie du chef.

On se l'imagine comme celui qui sait tout mieux que tout le monde, celui qui ne montre aucune émotion et qui, tel un roc, fait face à tous les événements sans jamais douter. En fait, contrairement aux apparences ce n'est pas dans le minéral qu'il faut trouver l'inspiration pour la pérennité du manager, c'est dans le biologique.

Le manager durable n'est ni un bloc de granit ni même un chêne mais un roseau. Il ne se construit pas sur les certitudes de la technique mais sur des doutes et des questionnements concernant les hommes et leurs attitudes. Il sait combien chaque équilibre difficilement trouvé est toujours instable. Mais loin de considérer cet état de fait comme inquiétant ou regrettable, il a appris à utiliser le mouvement. C'est grâce au mouvement qu'il se construit durablement. Ce mouvement, il se l'applique d'abord à lui-même. La progression hiérarchique ou la réussite sociale ne le conforte pas dans la conviction qu'il lui suffit de se répéter pour s'y maintenir. Elles lui ont, au contraire, donné goût à aller chercher en lui les ressources pour développer ses comportements. Car c'est bien grâce à ses capacités comportementales qu'il pourra, quoiqu'il arrive, faire face à la situation.

Ainsi, cette dynamique perpétuelle provoquée par l'instabilité devient une formidable opportunité pour stimuler son adaptabilité et repousser un peu la vieillesse et la rigidité de l'âge.

Index

G

H

I

L

M

N

O

P

Q

R

S

T

U

V

Composition : Compo-Méca s.a.r.l.
64990 Mouguerre

Achevé d'imprimer : Clausen & Bosse
N° d'éditeur : 3067
Dépôt légal : Octobre 2004
Imprimé en Allemagne